Gérald Mathieu

Laure Manaudou

Un destin en or

Crédit photographique couverture : © AFP PHOTO / FRANCOIS-XAVIER MARIT
Crédits photographiques livret :
Nicolas Gouhier/CAMELEON/ABACAPRESS.COM -
Nicolas Gouhier/Cameleon/ABACAPRESS.COM -
Patrick Bernard/Cameleon/ABACAPRESS.COM -
Laurent Zabulon/ABACA. -
ABACAPRESS.COM -
Nicolas Gouhier/Cameleon/ABACAPRESS.COM -
Gouhier-Kempinaire/Cameleon/ABACA -
Nicolas Gouhier/Cameleon/ABACA.

Directeur de la Collection Biographies : Enguerrand Sabot

1, Rue Felix Faure - 95880 Enghien-les-bains

Gérald Mathieu

Laure Manaudou

Un destin en or

Editions de la lagune

Avant-propos

Ilana a tout juste trois ans. Cet été, alors qu'elle enfilait son maillot de bain une pièce pour s'en aller piquer sa première tête des vacances, cette adorable petit bout de chou eut cette remarque inattendue : « Je fais comme Manaudou », comme on disait naguère, « Je roule comme Fangio », « Je tire les coups francs comme Platini » ou « Je smashe comme Jordan ». A seulement 21 ans, Laure Manaudou ne s'appartient déjà plus complètement. Sportive préférée des Français, connue de tous, « peopolisée », intégrée dans le lexique populaire et même citée en exemple par les tout petits, la championne olympique du 400 mètres a réussi le tour de force de sortir du cadre sportif à la vitesse grand V.

Propulsée petite fiancée de la nation, la jeune femme fascine autant qu'elle intrigue. Attire autant qu'elle irrite. Réservée et fragile hors des bassins, elle se mue une fois dans l'eau en une redoutable et intraitable bête de compétition à qui rien ni personne ne résiste. Surtout pas l'histoire qu'elle réécrit à chacun de ses plongeons.

Alors savourons. Savourons les prestations de ce phénomène unique dans l'histoire de la natation et du sport tricolores. Savourons sans modération ses paris et ses exploits insensés. Savourons la domination sans partage de cette compétitrice hors normes qui vit depuis sa plus tendre enfance avec cette sidérante ambition chevillée au corps. Savourons car déjà, le temps presse. Si, sauf cataclysme, on devrait logiquement la voir sur le plot de départ des Jeux Olympiques de Pékin en août 2008, nul ne sait de quoi ce lendemain sera fait. Avant d'être nageuse, Laure reste, en effet, d'abord et avant tout une jeune fille bien de son âge avec ses envies, ses faiblesses, ses tentations, ses coups de tête et un désir très prononcé de maternité. Alors savourons. Oui, savourons avant qu'il ne soit trop tard parce que celle qui nagera demain « comme Manaudou » n'est, à coup sûr, pas encore née.

Un poisson nommé Laure

Il est des signes avant-coureurs qui ne trompent pas. Des existences auxquelles on n'échappe pas. Celle de Laure Manaudou s'inscrit dans ce cheminement escorté par la prédestinée. Cela aurait pu se produire en boite de nuit, sur les pistes de ski, dans la cour du lycée ou encore en soirée. Comme si c'était écrit d'avance, c'est finalement les pieds dans l'eau, sur une plage du Cap Fréhel, à deux pas du camping où ils séjournent, que les chemins de ceux qui deviendront ses parents se croisent pour la première fois. Vous avez dit prémonition ?

Le Corrézien Jean-Luc Manaudou et la Néerlandaise Olga Schippers, tous deux nés en 1958, ont la fibre sportive. Lui, le gaillard solidement charpenté d'1mètre94, est handballeur de haut niveau. Elle, plutôt athlétique, pratique le badminton. Le charme va opérer.

Malgré son jeune âge, Olga décide à 20 ans de tout plaquer aux Pays-Bas pour s'en aller rejoindre son homme resté en France. Finalement, ce flirt de vacances devenu histoire d'amour conduira à un mariage heureux. De cette union naîtront trois enfants. Nicolas, l'aîné, voit le jour le 9 octobre 1985. Déjà exacte au rendez-vous, Laure naît un an jour pour jour plus tard à Villeurbanne, dans la banlieue lyonnaise. Le petit dernier, Florent, s'éveillera, lui, à la vie en 1990.

Le week-end pour se détendre, Jean-Luc, l'employé de banque, et Olga, l'assistante maternelle, fréquentent assidûment les bassins chlorés. En particulier cette piscine Tournesol, très seventies et posée au milieu d'un parking sans âme d'Ambérieu-en-

Bugey, une paisible commune de 13 000 habitants située dans l'Ain où l'enfant prodigue passera toute son enfance. C'est donc tout naturellement que la famille au grand complet va baigner dans ce milieu aquatique. Décidément toujours en avance sur les autres, Laure goûtera ainsi aux joies de l'eau et de la piscine dès l'âge de 6 mois. « Sans aucune arrière-pensée », précise sa maman. C'est d'ailleurs un maître-nageur qui croit déceler en « Laurette » des prédispositions à la natation et qui invitera ses parents à l'inscrire au club local. La graine de championne n'a que 6 ans. L'histoire d'eau peut commencer.
« Au début, précise Laure, mes parents m'ont fait faire de la natation tout simplement pour m'apprendre à nager. Mais comme ils ont vu que je me débrouillais bien, ils m'ont alors poussé à continuer. »[1] Mais Laure n'évolue pas encore comme un poisson dans l'eau. Les premiers mois sont même particulièrement agités. « Comme elle ne voulait pas, on l'a un peu poussée à entrer dans le bain. », confie Olga. Fort heureusement, et plutôt que de se braquer, sa fille va vite trouver ses marques dans l'élément liquide même si à cette époque, l'apprentissage la barbe magistralement et la notion de plaisir est purement et simplement inexistante. Mais Laure va se prendre naturellement d'affection pour la natation. La toute première fois, c'est en faisant des courses avec sa maman dans un magasin de sport. Entre deux rayons, elle reste bouche bée devant une compétition de natation retransmise à la télé. « C'est ça que je veux faire plus tard. », dit-elle à sa mère. L'idée fera son chemin et finira couchée, à chaque début d'année scolaire, sur les fiches d'orientation qu'on lui demande de remplir.
Le 8 janvier 1994, exactement, Laure dispute sa première compétition. Il s'agit de la Coupe des minots, une épreuve interne au club d'Ambérieu Natation. Numéro de licence :

170013629189335. Dans son mini maillot de bain noir une pièce, elle reçoit à l'issue de la course sa première médaille sertie d'un ruban tricolore qui récompense sa victoire sur 50 m dos. Mais déjà, l'ambition familiale affleure. Il faut penser plus loin, pousser les murs pour s'en aller explorer de nouveaux horizons. « La première année, elle a commencé à faire ses gammes, raconte Olga, qui a consigné toutes les performances de sa fille sur un petit carnet bleu à spirales. Ce n'était pas suffisant. On voulait plus pour elle. La deuxième année, elle disputait donc sa première compétition. Après, elle a franchi un à un tous les caps. »

Le premier pallier sera départemental. Laure n'est pas au-dessus du lot, même si c'est la petite vedette de son club. « Les parents ne parlaient que de cette petite Manaudou qui allait soit-disant tout casser, raconte Sylvie Caillet, ancienne présidente d'Ambérieu. Elle était facile à remarquer car c'était la seule qui ne souriait jamais ! » Déjà. « Oui, jamais de sourire, même sur le podium. », confirme-t-elle.

A l'époque, Laure se contente encore de peu, comme de cette troisième place pour sa « compèt » inaugurale hors de ses bases. « Comme elle s'amusait et que ça marchait, ça lui suffisait. », raconte sa mère. « En réalité, je pleurais tout le temps car je n'arrivais pas toujours première et la fille de l'entraîneur me battait toujours ! »[2], corrige l'intéressée. Plus nuancé, Jean-Luc Manaudou, qui a conservé toutes les coupures de presse consacrées à sa fille, se souvient, lui, que sa petite protégée « boudait à chaque fois ». Avant de poursuivre. « Elle ne manifestait aucune émotion. Même quand on lui disait : « Bravo ! C'est bien, tu as gagné ou tu as battu ton meilleur temps. ». Rien. Aussi contente que si elle avait perdu ! » Bref, un tempérament est né. Au fil des années, il ne fera d'ailleurs

que s'affirmer. « Je lui ai appris à nager jusqu'à la catégorie benjamine mais déjà, elle avait un sacré caractère, se souvient Lionel Mougeot, son premier entraîneur entre 1993 et 1998. Et pour être une championne, il en faut ! » Il n'empêche, Laure ne passe encore pour le phénomène du coin. Ses performances sont encourageantes. De là à lui imaginer un destin en or. « Mais elle possédait déjà un certain sens de la glisse. », précise son père. « Et avait une excellente flottabilité ainsi qu'une certaine aisance dans l'eau. », renchérit Mougeot.
Sur les bancs de l'école, elle n'éclabousse pas non plus la concurrence de tout son talent. La primaire puis le collège, ce n'est pas son truc. Alors, elle se cherche. Reste en retrait des autres enfants. Tantôt silencieuse, souvent mystérieuse, elle aime s'isoler dans sa chambre. Avoir ses secrets, dessiner, s'inventer un avenir et se réfugier dans sa bulle. Par esprit d'indépendance, goût pour la solitude et avarice de paroles. Car Laure est une petite fille excessivement réservée. « Je ne parlais presque pas, reconnaît-elle. Je n'ai pas connu cette connivence mère-fille dont me parlent parfois mes copains. » Son moyen d'expression, c'est finalement à la surface des bassins, mais aussi sur les pistes et autres terrains de sport, que Laure va le trouver. « Elle avait vraiment ça dans le sang. », insiste Lionel Mougeot. Natation, athlétisme, hand, judo, gymnastique. A mesure qu'elle croît, la jeunette éprouve au quotidien un plaisir grandissant pour les disciplines sportives. Du coup, elle commence sans le savoir à se bâtir un incroyable bagage athlétique qui fera bientôt la différence… « Je ne sais pas si j'étais douée en tout, mais je me débrouillais pas mal, surtout en athlé, raconte-t-elle. Si je n'avais pas fait de natation, je pense d'ailleurs que j'aurais choisi un sport individuel comme l'athlé, plus que le hand. »

S'il y a encore peu, elle ne s'entraînait dans l'eau que trois fois par semaine (« Ce qui n'était pas plus mal pour son équilibre », assure Mougeot), elle passe aux cadences quotidiennes.
« Elle faisait en même temps de la natation et du hand, précise Gérard Noury, son deuxième entraîneur entre 1998 et 2001. Elle hésitait entre les deux. Une année, elle ne s'est quasiment pas entraînée à la nage (*En réalité, Laure ne s'entendait plus avec lui et avait décidé de tout plaquer avant que ses parents ne la convainquent de reprendre la natation).* Et pourtant, elle avait déjà un niveau exceptionnel. Elle a compris alors qu'avec beaucoup de travail, elle pourrait aller très haut. »[3]
Et de poursuivre : « Un soir de 1998, après sa victoire aux championnats départementaux, Laure vient me voir et me glisse à l'oreille : « Un jour, je serai championne olympique. » Elle avait l'air si sûre d'elle. » Et pour cause. Si son corps d'athlète prend forme, la tête suit aussi. Laure sent grandir en elle cette indéfinissable soif de vaincre et cette redoutable confiance en soi. Fini les places d'honneur. Elle veut désormais jouer les poissons-pilotes et dominer la concurrence. Du bout des lèvres, elle commence même à évoquer une carrière professionnelle, même si la raison l'incite à ne pas perdre de vue le professorat de sport ou l'aide maternelle. Du bout des lèvres seulement, car Laure se rend parfois à l'entraînement plus pour voir ses copains que pour nager consciencieusement. « Et si elle séchait une séance, elle ne se prenait pas la tête. », confie sa mère.
Malgré tout, ses chronos flambent. Son petit nom circule autours des bassins régionaux. Mais Laure veut en avoir le cœur net. Déjà déterminée, elle veut savoir ce qu'en pensent les experts de la natation. S'il y a vraiment un chemin à suivre et un potentiel à exploiter. A 12 ans, elle décide donc de vaincre

sa timidité, de saisir sa plume et d'écrire à cette idole qui n'est ni Madonna, ni un boy's band, ni un chanteur à midinettes. Non, ce modèle, dont le poster orne un des murs de sa chambre, c'est la nageuse Roxana Maracineanu, spécialiste du dos comme elle et qui deviendra, cette année-là à Perth en Australie, la première Française championne du monde de l'histoire. A Mulhouse, la tête de gondole de la natation tricolore reçoit un courrier dont elle se souvient encore… et auquel elle ne répondra pas ! « Je n'ai pas oublié. Laure m'avait envoyé une lettre avec ses meilleurs chronos. Elle voulait connaître les miens au même âge. J'avais été impressionnée car moi, j'avais eu du mal à les réaliser à quatorze ans. » Bluffée, mais pas au point de se douter de l'ascension supersonique qui attend cette jeune inconnue. Et qui précipitera, contre son gré, la fin de son règne…

En attendant, Laure va connaître, en 1999, une année faste. Avec au programme, deux compétitions qui constitueront le « vrai déclic. » (Olga Manaudou) dans la carrière de Laure. Le premier détonateur, c'est d'abord cette grosse performance réalisée sur 100 m dos lors de la Vittel Cup 1999, une compétition réservée aux espoirs de son âge. Bien que benjamine, Laure y signe un temps digne des meilleurs minimes nationaux. Quelques semaines plus tard, en décembre, c'est au cours de la 1ère étape de la Coupe de France qu'elle va définitivement attirer le regard des entraîneurs français en réalisant tout bonnement la meilleure performance française de tous les temps sur 100 m dos dans sa catégorie d'âge (13 ans). « Même Roxana n'avait jamais battu ce record. », s'enthousiasme encore aujourd'hui sa maman. Laure est lancée. Plus grand monde ne va pouvoir l'arrêter.

« C'est après ça que tout s'est enchaîné. », poursuit sa mère.

Lionel Mougeot, lui, va plus loin : « Elle s'épanouissait de jour en jour. On savait qu'on avait découvert une perle. » Ses adversaires, elles, vont maudire cette révélation trop encombrante qui obstruera à jamais le chemin de leurs ambitions. Laure, elle, poursuit le sien. A un train d'enfer. En mars 2000, elle dispute ainsi à Rennes ses premiers Championnats de France de Nationale 1. Le must au niveau hexagonal avec la présence de tout le gratin français. A seulement 13 ans et demi ! Qualifiée uniquement sur 100 m dos, sa distance de prédilection, elle réalise le 16e temps des séries avant que l'aventure ne s'arrête au stade des demi-finales. Mais l'essentiel est ailleurs. La gamine vient officiellement d'entrer dans la cour des grands. Plus personne ne l'y délogera. Avec ses grands yeux de gamine émerveillée, Laure s'imprègne du haut niveau, se glisse en demi-finale aux côtés de Roxana, approche à distance son autre idole, Frank Esposito, le roi du papillon, également leader de l'équipe de France et emmagasine une sacrée expérience. « Ca fait partie du jeu d'observer comment on se prépare et d'essayer de nous imiter, explique Maracineanu, aujourd'hui retraitée des bassins. Moi-même, j'ai fait pareil avec Catherine Plewinski *(ancienne recordwoman de France et championne d'Europe du 100 m en 1989)*… »

Mais Miss Manaudou garde les pieds sur terre. Elle a parfaitement conscience de n'être qu'au stade embryonnaire d'une probable future grande carrière. Aussi, elle se remet à l'eau deux mois plus tard pour prendre part aux Championnats de France…minimes à Chalon-sur-Saône. Retour aux réalités de sa catégorie d'âge. Laure flambe sur 100 m dos, reste en retrait sur 100 m nage libre, 100 m brasse et 100 m papillon. Ses prochaines sorties seront plus convaincantes et l'année 2000 s'achèvera sur une superbe bonne note avec cette meilleure per-

formance française de tous les temps pour une nageuse de 14 ans réalisée, une fois de plus, sur 100 m dos.
D'année en année, Laure gravit les échelons avec une aisance déconcertante. Flanquée de l'étiquette de « grand espoir de la natation française », elle participe en mars à Chamalières à ses deuxièmes Championnats de France élite. Le menu est bien plus copieux que celui de l'année précédente. Si le 100 m dos figure toujours à son programme, elle devra, cette fois-ci, également engloutir les épreuves du 50 et 100 m nage libre, ainsi que celle du 200 m dos. A 14 ans et demi, elle fait déjà preuve d'un gros appétit et d'une détermination sans faille qui lui vaut de décrocher la médaille de bronze sur 200 m dos et celle d'argent sur 100 m dos, derrière une certaine Roxana Maracineanu. Mais Laure se contrefout de l'identité de sa devancière. Que ce soit son idole ou pas, elle fait la moue et affiche clairement sa déception sur le podium protocolaire. L'image est saisissante. A défaut de faire des bonds ou de s'accrocher au cou de sa glorieuse aînée pour immortaliser le moment devant les photographes, elle manifeste sa haine absolue de la défaite. Une attitude étonnante pour une fille de son âge. Philippe Lucas, l'entraîneur du Cercle des Nageurs de Melun-Dammarie dont la cote ne cesse de monter depuis dix ans, observe la scène avec attention. Il est conquis par cette grande boudeuse d'un mètre soixante-seize qu'il a déjà dans le collimateur depuis douze mois. « Je me souviendrai tout le temps de sa tête. J'me suis dit : « Elle, elle est pas mal ». En plus, elle allait vite. Elle était, grande, fine, sèche, puissance et tonique. Je voulais l'avoir sous ma coupe. J'ai tout de suite su que c'était une guerrière. Une fille qui voulait réussir. » Il ne la lâchera plus d'une semelle et jouera même les éclaireurs en appelant la maman, Olga, quelques jours plus tard… Une fois

sa déception ravalée, Laure martèle plus que jamais son envie de « devenir nageuse professionnelle » et surtout, « championne olympique ».
« Je me souviens parfaitement d'elle à cette époque, raconte Lucile Duchateau, ancienne internationale juniors qui participa à six éditions des Championnats de France de 1998 et 2003 et qui fut l'un des témoins de son éclosion. Ce qui me frappait chez elle, c'était son gabarit et sa technique. Elle était déjà grande et possédait de longs segments. Elle avait un physique taillé pour la nage. Tous les ingrédients étaient réunis pour qu'elle devienne une future championne. Mais par le passé, tellement de minimes et de cadets n'avaient jamais confirmé au plus haut niveau qu'on attendait de voir. Le plus fort, c'est lorsqu'on l'a vue faire cette tête sur le podium aux côtés de Roxana. On se disait : soit c'est de la fierté mal placée, soit elle est ambitieuse. On a eu la réponse quelques mois plus tard... »
Mais ces Championnats nationaux ne sont qu'une étape vers l'objectif prioritaire de la saison que sont les Championnats d'Europe juniors disputés début juillet à La Valette, sur l'île de Malte. Pour la première fois de sa jeune carrière, la dossiste intègre l'équipe de France. Laure a fière allure avec son survêtement tricolore mais, une fois encore, c'est dans l'eau qu'il va falloir frimer et épater la galerie. Et elle ne se démonte pas. Pour sa première compétition internationale, elle fait carton (presque) plein avec deux médailles d'argent sur 50 m et 100 m dos, assorties de deux nouvelles meilleures performances françaises de tous les temps chez les 15 et 16 ans sur 100 m dos et surtout, de son premier record de France seniors sur 50 m dos. En 29"71, elle efface des tablettes la légende Roxana Maracineanu, celle à qui elle demandait conseil il y a encore

trois ans ! Au cours de cette épreuve continentale, Laure va donc définitivement poser ses jalons pour l'avenir. Sportivement parlant, d'abord, mais aussi collectivement voire socialement puisqu'elle y rencontre plusieurs futurs partenaires de l'équipe de France tels Grégory Mallet, Guy-Noël Schmitt, Sarah Bey, Sophie de Ronchie ou encore Fabien Gilot et Pierre Henri, qui deviendront même plus tard ses petits amis à trois ans d'intervalle.

De France, Philippe Lucas n'a pas perdu une miette des performances de Laure. Le festival réalisé par la sociétaire d'Ambérieu confirme tout le bien qu'il pense de cette éternelle insatisfaite. Il a un projet sur mesure pour elle à Melun, en région parisienne, et espère bien l'enrôler dans son groupe d'entraînement. Ca tombe bien, Laure souhaite justement changer d'air. Non seulement, la cohabitation avec ses frères commence à se détériorer mais, surtout, elle souhaite se donner les moyens de ses ambitions en rejoignant un club d'un calibre supérieur au sien. Un club à la hauteur de son talent, en somme. Elle lorgne Chalon-sur-Saône où évolue notamment la Roumaine Béatrice Caslaru (championne d'Europe 1999 sur 200 m brasse et 200 m 4 nages et vice-championne olympique 2000 sur 200 m 4 nages).

Mais, finalement, Lucas trouve les arguments qu'il faut pour convaincre ses parents. Structure, argent, hébergement, sans oublier, bien évidemment, le volet sportif et la dynamique de groupe au quotidien. « A Melun, on a dix-huit nageurs dans le bassin tous les jours dès six heures du matin. A Chalon, il y a bien Casleru, mais à part elle… »[4] L'équipementier Arena, avec qui Laure sera bientôt sous contrat, aura également son mot à dire en appuyant auprès des parents la candidature de Lucas. Et puis, il y a ce détail qui n'en est pas un, gardé secret pendant cinq ans. Le coach assure, en effet, à Jean-Luc Manaudou que sa fille sera championne olympique si elle le suit en Seine-et-Marne. « Son côté pas très conventionnel m'a plu, se souvient le père. Et il avait tellement de certitudes sur le potentiel de Laure... » Banco ! Lucas a l'argument qui « tue ». C'est le petit plus qui fera pencher la balance en faveur de ce technicien atypique dont on n'a pas fini d'entendre parler.

Le grand saut

Un mois et demi après son retour des Championnats d'Europe juniors, Laure débarque donc à Melun. A 14 ans seulement, faut-il le rappeler, elle décide de tout plaquer, de tourner le dos à son cocon familial et à un certain type de confort. A défaut de faire sa crise d'adolescence, la petite Manaudou fait sa révolution et son existence va s'en trouver bouleversée à tout jamais. En Seine-et-Marne, elle découvre à la fois un nouveau monde, un nouveau mode et cadre d'entraînement, un nouveau rythme de vie, de nouvelles attaches, de nouveaux amis. Tout est à reconstruire ou, plus précisément, le meilleur est à bâtir. « La première année, j'ai tout changé, raconte-t-elle. Je suis passée du collège au lycée (seulement deux mois avant d'opter pour des cours par correspondance). J'ai changé de ville, de club. Heureusement que j'ai pu habiter chez Philippe, avec sa copine. En plus, ils avaient des animaux. J'étais donc bien entourée alors que si j'avais eu un appartement toute seule, la vie aurait été plus difficile. C'est peut-être dur à entendre pour mes parents, mais je pense que tous ces changements ont été plus difficiles pour eux que pour moi. A leur place, j'aurais eu peur que ma fille arrête ses études, qu'elle parte à 500 km de la maison, vive chez quelqu'un qu'ils ne connaissaient pas vraiment. »[2] Avec du recul, Jean-Luc Manaudou loue, aujourd'hui, la prise de risque de sa fille. « Elle a été extrêmement courageuse de partir de la maison, dans l'inconnu. Elle perdait de vue ses parents, ses copines, ses relations du village. Même si l'éloignement n'a pas toujours été simple à gérer, nous n'avons jamais douté de la justesse de nos choix. C'était ce qu'elle voulait, même si on ne pouvait programmer qu'elle vivrait des choses aussi exceptionnelles. »[5] Un point de vue étayé par son épouse : « On part du principe que c'est d'abord sa vie. On a simplement veillé à mettre en place des choses pour qu'elle puisse s'épanouir. Côté natation, puisque c'est ce qu'elle voulait, il fallait s'astreindre à quelque chose de plus structuré. Là, on a l'impression qu'elle vit une adolescence exceptionnelle. On fait une entière confiance à Philippe pour bien l'encadrer. On lui a délégué nos pouvoirs de parents et il a été super. »[6]

Introvertie et timide, Laure se fige complètement sur place lors de sa première rencontre avec Philippe Lucas qui a lieu, quelques semaines plus tôt, sur la terrasse d'un restaurant à Melun. « Avant lui, j'étais avec un entraîneur qui n'était pas musclé du tout, se souvient-elle. Alors quand j'ai vu Philippe pour la première fois, ça m'a fait bizarre. J'étais intimidée. Déjà que je ne parlais pas beaucoup à 14 ans… Je me rappelle parfaitement de cette rencontre. Ses gros bras, ses cheveux longs, ses bracelets, son débardeur bleu qu'il portait avec des trous, on voyait tous ses muscles. Je me suis même dit : « Purée, il est musclé ! » J'avais super peur, même si je l'avais déjà remarqué en compétition avec ses tee-shirts jaunes, ses chaussures rouges et ses colliers partout… »[2]

Il faut dire que le bonhomme en impose et qu'il passe un peu pour un Ovni dans le milieu très lisse de la natation française. Lucas, c'est d'abord et avant tout un look « bling-bling » de biker. Avec ses chaînes en or, ses « baguouses », ses gourmettes, ses boucles d'oreilles, sa crinière blonde, poivre et sel, ses Rayban, sa collection de débardeurs qui laissent apparaître des biscotos d'acier gonflés par la muscu et sa barbe de trois jours faussement négligée, on dirait le nouveau mentor de Laure tout droit sortir d'« Easy Rider ». Voire de scène, après un duo endiablé avec Johnny Hallyday, son idole absolue. Lucas, c'est ensuite une méthode commando axée sur la rigueur, le travail, le volume et l'intensité. Sans approche scientifique ni logiciels, pense-bêtes ou autres règles à calculette, contrairement à la plupart de ses collègues entraîneurs. « Aucune note, tout est dans la tête. » A Ambérieu, Laure nageait dix-huit kilomètres par semaine. A Melun, elle en avalera quatre-vingts dès sa première année. A raison de six heures d'entraînement biquotidien et d'une séance journalière de préparation physique et de musculation. Lucas, c'est également un flair qui ne trompe pas. Beaucoup plus intuitif et sensible qu'on ne le croit, le bonhomme a le don de sentir les bons coups, de transformer un âne en cheval de course ou de tirer le maximum d'un nageur qu'il sent doué. Enfin, Lucas, c'est un discours sans langue de bois ni pincettes, à mi-chemin entre les dialogues d'Audiard et les discussions de comptoirs.

Mais derrière ces traits spartiates voire patibulaires sommeille un type au grand cœur qui s'est engagé sur parole à s'occuper de Laure comme de sa fille. Alors, Laure va passer trois années sous son toit en sa compagnie ainsi que celle de sa conjointe, Julia Reggiany, une ancienne internationale tricolore qu'il a conduit jusqu'aux Jeux Olympiques de Barcelone en 1992 sur 4x100 m. Sans oublier le dogue allemand Sultan et Nikios le mastiff. Ensemble, d'abord dans un appartement, puis dans un pavillon, le trio va former une petite famille. Laure est choyée, protégée. Ses repas lui sont préparés, sa chambre nettoyée. Et quand il s'agit de l'amener chez l'ortho-dentiste, Julia fait le taxi sans sourciller. « C'est une fille super, insiste Lucas. Elle me demande quand elle veut sortir, vient frapper à ma porte quand elle est rentrée. Quand elle a de petits soucis, elle m'en parle. On rigole bien ensemble et on se chambre quand on regarde le foot le samedi à la télé (Lucas supporte le PSG tandis que Laure soutient Lyon) ». De retour de l'entraînement, ce « deuxième père » a l'intelligence de débrancher et de ne pas remettre, le midi ou le soir à table, la natation à l'ordre du jour. « Pour qu'elle n'ait pas l'impression d'étouffer. » Pourtant, quand l'entraînement se passe mal, l'ambiance « familiale » tourne au vinaigre. « Quand je m'entraîne mal, il ne me parle plus pendant deux jours, raconte Laure. Pire, quand je ne suis pas motivée ou que je n'ai pas envie de venir, ça ne marche pas. Pareil pour les pannes de réveil. Avec Philippe, je ne risque pas d'en avoir. Il lui arrive souvent de me réveiller ! »

Car Lucas ne lâche rien. Une fois au bord des bassins, celui qu'elle considère « un peu comme son deuxième père » se transforme en « sergent chef » : autoritaire, intraitable, perfectionniste, sanguin et chambreur. « Avant, on ne corrigeait jamais ma technique, poursuit Laure. Philippe est peut-être sévère, mais il sait l'être quand il le faut. Grâce à lui, j'ai beaucoup progressé en crawl et en brasse...mais j'ai souvent été virée aussi ! Environ une fois par semaine la première année, car je n'avançais pas. »

Laure a beau être la petite protégée de son « loulou » d'entraîneur, elle ne bénéficie pas pour autant du moindre traitement de faveur. Si elle veut parvenir à ses fins, atteindre les objectifs extrêmement élevés que son coach lui a fixés et surtout, ne pas gâcher son incroyable potentiel, elle doit écouter, se corriger, se sublimer, s'accrocher, cravacher, suer, avancer, repousser ses limites. En deux mots : en baver et être disciplinée. Mais aussi, encaisser les soufflantes de son « bourreau » car Lucas est le roi des gueulantes. Et les rois des cartons rouges quand l'un de ses poulains ne donne pas le meilleur de lui-même. « On me demande souvent comment je fais pour rester avec lui, explique-t-elle. Comment je fais pour me laisser insulter comme ça. Mais c'est devenu un jeu. Parfois, je ne l'écoute même pas. Je fais comme si je n'entendais rien. Ca a le don de l'énerver. J'ai même parfois l'impression qu'il me gueule dessus parce que ça fait longtemps qu'il ne l'a pas fait ! Mais on s'entend bien. Et si j'avais un entraîneur trop gentil, je n'avancerais pas ! »

Alors, Laure joue le jeu, parfois tant bien que mal, car elle sait qu'il faut en passer par là pour espérer briller un jour au plus haut niveau. « Elle a toujours réussi sans faire grand-chose à l'entraînement, raconte Lucas. Je savais qu'elle ne nageait pas beaucoup à Ambérieu. Et malgré cet entraînement restreint, elle a toujours été hors normes. Toujours au-dessus du lot. Maintenant, elle n'appartient plus au même monde. Même si elle n'a pas été éduquée comme cela par le passé, elle va devoir s'investir à 100 % car elle n'est pas encore dans la lignée des nageurs de haut niveau. C'est à moi de lui expliquer ses qualités. A moi de lui demander d'être pro. Sinon, dans deux ans, elle sera peut-être déjà finie… »

Mais ce passage obligé n'est pas une sinécure. La natation est l'un des sports les plus ingrats et rébarbatifs où le champ de vision ne dépasse pas les limites de la piscine. Où le seul paysage qui défile, ce sont les carreaux qui tapissent le fond du bassin. Où l'on doit accepter d'avaler inlassablement des milliers de longueurs. Où la monotonie guette à chaque tournant.

« Quand c'est l'entraînement, je suis comme tous les autres nageurs. Il ne me dit pas : tu as mal à la tête, alors tu ne t'entraînes pas. Ou tu as mal à la jambe, tu peux sortir de l'eau. Un entraîneur normal aurait tellement peur que je parte qu'il me

passerait tout. Tout le monde a peut-être peur de Philippe, mais ce n'est pas un entraîneur comme les autres. Il faut apprendre à le connaître et après, ça se passe super bien. »[2]
Si elle n'est pas encore considérée, à l'époque, comme une professionnelle à part entière, Laure possède toutefois le même emploi du temps que celui des meilleurs. Levée vers 5h30-6h, parfois par Lucas lui-même qui vient la secouer, elle plonge dans la piscine municipale de Melun vers 7h. « Le ventre vide », car la stakhanoviste ne supporte pas se sentir lourde dans l'eau. Deux heures-deux heures trente plus tard, fin de la première session aquatique de la journée. Après le sacro-saint triptyque études-déjeuner-sieste, la nageuse retourne à son quartier général sportif vers 16 heures. Au programme : séance de musculation et de préparation physique générale à base de squats, tractions, chariot et élastique. Un simple amuse-gueule avant l'ultime séance de natation de la journée programmée une bonne heure plus tard. Un rythme que les non-initiés qualifient aisément de dément voire d'insensé, mais que la crème de la discipline doit accepter de se soumettre. Sans broncher.
L'apprentissage ne se fait pas sans heurts. Au début, Laure a du mal à digérer les charges de travail. Programmé jusque-là pour quatre entraînements pas semaine, son corps doit digérer progressivement les onze séances à la sauce Lucas. Alors parfois, elle traîne les pieds. Ou tente de gruger une longueur par ci ou une répétition d'exercice par là. Mais Philippe veille au grain et l'imposture est souvent démasquée. Et puis, et c'est hautement compréhensible pour une ado de son âge, la jeune fille a parfois le blues. De sérieux coups de blues. Même si elle rentre à Ambérieu une fois toutes les deux semaines, la séparation d'avec les siens est difficile à encaisser. « Ce n'est pas toujours facile, raconte-t-elle avec pudeur. Je ne vois pas souvent ma

famille. Heureusement que je suis bien entourée et que je vis chez Philippe et sa copine parce que sinon, seule, la vie aurait été plus difficile dans un appartement. Mais je sais que cette étape de ma vie est très importante. » Avec le temps, Laure va s'endurcir et bientôt, cette séparation ne sera plus qu'une formalité. Au point de déclarer, deux ans plus tard : « Je ne suis pas très proche de mes parents, surtout parce que je ne les vois pas. Je suis plutôt indépendante et l'éloignement ne me pèse pas trop. Ca ne me dérange pas d'être toute seule, je suis une solitaire. »[7] Une solitaire, peut-être, mais une gamine déjà sacrément mûre pour son âge et bougrement solide dans sa tête que même Philippe Lucas « ne voit pas souvent pleurer ».

Laure récolte les premiers fruits de cet investissement fin décembre, à Dunkerque. Après quelques sorties de réglage, elle inscrit tout bonnement son nom dans l'histoire de la natation française à l'occasion des finales nationales des championnats de France interclubs. Avec son nouveau bonnet de bain jaune aux couleurs du CN Melun-Dammarie, la benjamine de la bande devient sur 100 m dos la première nageuse tricolore de l'histoire à descendre sous la minute (59"44) en petit bassin (25 mètres). Mieux, elle rabote plus d'une seconde à l'ancien record de France détenu par Roxana Maracineanu. Autant dire que l'élève commence à devenir une authentique menace pour la maîtresse. Cette montée en puissance n'échappe pas aux medias spécialisés qui s'amusent déjà d'un bras de fer entre le prodige annoncé et la reine, jusque-là, incontestée. Mais Laure, aussi ambitieuse soit-elle, n'a pas conscience de ce qu'elle est en train de réaliser. « Mon trajet me surprend. Ca me fait un peu peur. Mais je ne le montre pas. » Tout juste se retranche-t-elle derrière un bloc apparent de timidité, comme j'ai l'occasion de le constater pour la première fois de mes pro-

pres yeux peu de temps après dans la capitale.
Samedi 19 janvier 2002. Paris accueille la 7e étape de la Coupe du monde de natation. 350 nageurs issus de 44 nations sont engagés. Parmi cette élite, une jeune et jolie plante longiligne de 15 ans qui se retrouve propulsée chef de file de la natation tricolore sur 100 m dos. C'est Laure, bien évidemment, et si mon reportage du jour me pousse à me focaliser sur un autre nageur, l'occasion est trop belle d'approcher et de voir « en vrai » à quoi ressemble le phénomène dont tout le milieu parle. Alors je m'avance, avec deux-trois questions en poche. Laure paraît fragile, limite vulnérable. Elle est là, debout au pied des gradins, tout sourire et franchement avenante. D'une petite voix mal assurée, elle me répond, pour tout dire, quelques banalités. On l'aura compris, Laure n'est pas une grande bavarde. Mais l'exercice est tout nouveau pour elle, même si je ne suis pas le premier à me pencher sur le sujet. Pour preuve, Laure a eu droit la veille à son premier article de portée nationale dans le quotidien *L'Equipe*. Le titre ? « Elle a tout d'une grande ». Bien vu… Puis un autre dans *France JO*, le très respectable magazine officiel du Comité National Olympique et Sportif Français (CNOSF) qui lui réserve un article titré « La surdouée » et qui sera inséré dans un dossier global consacré aux probables futurs champions tricolores. « Les sollicitations médiatiques, ça m'impressionne, confie-t-elle à l'époque dans ledit article qui lui est consacré. Je me sens mal à l'aise. Je ne sais pas trop quoi répondre aux questions… »
En revanche, dans l'eau, la néo-francilienne se montrera beaucoup plus prolixe. Pour sa première prestation internationale à ce niveau, elle décroche la médaille d'argent sur 100 m dos et de bronze sur 50 m dos. Au-delà des métaux rapportés, c'est la manière qui séduit l'assistance. Encore très perfectible au

niveau de ses départs et de ses virages, elle rivalise en vitesse pure avec les meilleures mondiales. De bon augure pour la suite, comme l'annonce un Philippe Lucas visiblement sûr de son coup. « Cette année, on met en place des bases d'entraînement qu'elle n'a jamais connues. Ses séries ne sont pas toujours idéales. Il faut qu'elle progresse. Mais, à terme, elle peut faire quelque chose d'énorme. On travaille déjà dans la perspective des Jeux d'Athènes en 2004. Son truc, c'est le 100 mètres dos. Elle l'a dans la tête. Mais je sais qu'à terme, elle peut faire très fort sur 200 m dos. », la distance fétiche sur laquelle Roxana Maracineanu a été sacrée championne du monde et d'Europe, et vice-championne olympique.

Vu comme ça, le propos paraît osé voire culotté. Pensez donc ! Afficher aussi nettement la couleur ! Et claironner qu'une gamine de 15 ans va bientôt donner le tournis aux Américaines, Australiennes, Allemandes, Japonaises et autres naïades du globe ! Le propos est surtout trompeur car Philippe Lucas a un plan. Un projet qu'il garde pour l'instant secret et qui consiste, à terme, à en faire une nageuse de demi-fond (400 m, 800 m, 1500 m), plutôt que de creuser le sillon en dos, sa spécialité originelle. En attendant, Laure se remet à l'ouvrage avec pour premier objectif, la 127e édition des Championnats de France disputés à Chalon-sur-Saône. Et sur 50, 100 et 200 m dos, sa rivale directe aura une fois encore pour nom Roxana Maracineanu.
Particulièrement attendu, le premier acte sur 200 m dos tourne à l'avantage de la légende vivante qui décroche ainsi son vingt-troisième titre national. Deuxième, Laure fait plus que sauver les meubles en établissant la meilleure performance française de tous les temps dans sa catégorie d'âge (16 ans) en 2'15"55.

Trois jours plus tard a lieu le deuxième acte. Si la victoire lui échappe encore, Manaudou ne se contente pas de jouer les seconds rôles puisqu'elle va frapper un grand coup. En s'accrochant aux basques de la Mulhousienne, elle réalise les minima requis pour participer aux Championnats d'Europe de Berlin qui auront lieu trois mois plus tard. Et qui dit qualification, dit intégration de la grande équipe de France aux côtés des Maracineanu, Esposito et compagnie ! Laure est perchée, elle a du mal à réaliser. « Franchement, ça me fait bizarre d'intégrer l'équipe de France. Je vais essayer de m'inspirer de mes modèles, de beaucoup les regarder. »[8]. Mais pas le temps de laisser son esprit divaguer. Un ultime acte reste à disputer. Et sur 50 m dos, elle va exaucer l'un de ses rêves de gosse en dominant l'idole pour onze petits centièmes. Mieux, elle établit un nouveau record de France de la spécialité (29"48). A 15 ans, Laure devient donc pour la première fois championne de France « toutes catégories ». Le premier titre d'une très longue série...
A l'issue de ces championnats très réussis, Roxana, qui n'a pas forcément le compliment facile, pronostique un avenir plaqué or à sa cadette. « Laure a d'énormes qualités, notamment physiques. Elle a beaucoup d'avenir. Je crois qu'elle est capable de battre le record du monde du 100 m dos. » [8] Toujours dans sa bulle et extraordinairement déterminée, l'intéressée, elle, se contente de répliquer : « Je veux être championne olympique dès 2004 ». Une idée, décidément, fixe.
Femme pressée devant l'éternel, Laure ne va pas se reposer sur ses lauriers. Avant de rêver d'or olympique, elle se doit d'abord d'honorer sa première sélection nationale chez les « grands ». Mais le 22 juin, soit un mois avant l'ouverture des Championnats d'Europe, elle déclare forfait. La sagesse a parlé.

Même s'il est de tradition d'affirmer qu'une sélection nationale ne se refuse jamais, la jeune femme et son entraîneur ont décidé de nager à contre-courant et de repousser le baptême de feu à plus tard. Là où d'autres de son âge n'auraient pas raté une telle occasion, Laure a préféré savourer sa dernière compétition juniors en misant tout sur les Championnats d'Europe de sa catégorie qui doivent avoir lieu quinze jours plus tard.
« Je suis encore jeune, surtout comparée à des gens comme Franck *(Esposito)* ou Solenne *(Figués, en équipe de France depuis 1996 et championne du monde du 200 m en 2005).* Je ne me sentais pas d'entrer dans ce groupe-là. Je ne me sentais pas de faire une compèt' avec les grands. Ils sont beaucoup plus impressionnants que moi. Je voulais profiter de ma dernière année juniors *(en réalité, elle était encore cadette…)* et essayer d'être championne d'Europe. »
« Je respecte son choix, poursuit Lucas. Il ne faut surtout pas oublier que c'est une ado. Il faut la laisser grandir. Elle a besoin de copains de son âge. Et puis, à 15 ans, elle a encore tout le temps de participer à des Championnats d'Europe seniors. »
Ce constat est pertinent à plus d'un égard. Benjamine du groupe d'entraînement de Lucas à Melun, Laure côtoie, en effet, déjà à longueur d'année des nageurs plus âgés qu'elle.
« Mais ça ne me manque pas de fréquenter des jeunes de mon âge. », précise-t-elle. La championne en herbe vit aussi une adolescence particulière sacrifiée sur l'autel de la performance et du haut niveau. Et puis, d'ici peu, elle sera définitivement happée par le monde des adultes. Alors, dans ce contexte, autant en profiter une toute dernière fois.
Laure ne va pas s'en priver, ni se faire prier. Elle va même carrément s'en donner à cœur joie. Si à Malte, un an plus tôt, la récolte avait été plus que correcte (deux médailles d'argent),

cette fois-ci, à Linz, en Autriche, la moisson va être record. Dès le premier jour de compétition, Manaudou rafle l'or sur 100 m dos devant la redoutable Russe Stanislava Komarova qui deviendra, deux semaines plus tard, double championne d'Europe seniors à Berlin... Au passage, elle établit une nouvelle meilleure performance française de tous les temps chez les 16 ans. Dès le lendemain, elle étoffe son palmarès en s'adjugeant l'argent sur 50 m dos derrière cette même Komarova avec, à la clé, un nouveau record de France (29"34). Même pas rassasiée, la Melunaise empoche vingt-quatre heures plus tard une dernière médaille d'argent sur 200 m 4 nages. N'en jetez plus ! Sa besace est pleine. Née pour marquer l'histoire de son sport, la miss devient, avec un total de cinq breloques sur deux éditions, la nageuse la plus médaillée de l'histoire de la natation française aux Championnats d'Europe juniors dont la création remonte à 1967. On la savait douée, mais pas boulimique à ce point. On découvre alors un nouvel aspect de sa personne auquel il va falloir s'habituer à l'étage supérieur...

« Là, tout le milieu de la natation s'est dit qu'elle irait loin, confie Lucile Duchateau. Qu'elle était partie pour être immense sur 100 m dos, vu ses temps de classe mondiale. Que ça y est ! La France s'est enfin trouvé une très grande nageuse capable de succéder à Jean Boiteux, le dernier français à avoir été sacré champion olympique en 1952. »

Après des vacances bien méritées, Laure revient à Melun visiblement armée d'excellentes résolutions... mais également avec un tatouage à l'épaule droite (le fameux papillon) et une nouvelle coupe de cheveux complètement punk et « destroy », courte et garçonne, avec des mèches blondes qui passeront plus tard au violet puis au rouge ! Si sa première saison francilienne a été très satisfaisante, elle sait qu'elle doit encore faire preuve de davantage de régularité et de volonté à l'entraînement. D'autant que les charges de travail à venir seront aussi lourdes que les précédentes et que Lucas poursuivra son initiation musclée du demi-fond. Car cet entraîneur atypique en est désormais convaincu. Laure peut réaliser un « grand truc » du 400 au 1500 m. Sa vitesse de base en crawl est, en effet, parfaitement compatible avec le niveau des meilleures nageuses mondiales de demi-fond.

Alors Laure bosse, s'obstine, et va finir par évoluer. Dans l'eau comme en dehors, d'ailleurs. « Ca commence à aller mieux à tous les niveaux. », confie-t-elle. Sa mère, Olga, qui ne peut profiter de sa fille qu'à doses homéopathiques, constate une nette évolution en un an. « Elle a changé. Elle a beaucoup mûri ces derniers mois à force de côtoyer des gens plus âgés qu'elle. Elle a aussi appris à être moins timide. » Reste Philippe Lucas qui, lui, préfère se cantonner au profil purement sportif de sa protégée. « Elle a compris que la natation était aussi un job. Désormais, elle s'entraîne comme une pro et prépare ses entraînements comme une compétition. » Aussi studieux que besogneux, cet hiver en pente dure va rapidement porter ses fruits.

En l'espace de trois mois, Laure offre un échantillon très représentatif de l'étendue de son éclectisme et de ses nouvelles possibilités. C'est d'abord à Riesa, en Allemagne, à l'occasion des Championnats d'Europe en petit bassin, qu'elle raccourcit son record de France du 50 m dos (28"09) en terminant 5e de la finale, à dix petits centièmes seulement du podium. Une semaine plus tard à Amiens, elle améliore cette fois-ci en grand bassin et par deux fois son propre record national du 50 m dos (29"39 puis 29"19). Aux Interclubs d'Antibes, elle ridiculise sur 400 m Alicia Bozon, la patronne de l'époque, et lance, sans le savoir, son histoire d'amour avec cette distance. Mi-janvier, on la retrouve pour la première fois sur 800 m (6e) lors de l'étape de la Coupe du monde disputée à Stockholm, en Suède, avant de remettre ça à Paris (3e). Début février à Saint-Germain-en-Laye, elle bat de nouveau en grand bassin son record de France du 50 m dos. Dans la foulée, elle se montre sur 400 m en améliorant de cinq secondes son record personnel (4'14"69). Enfin, fin mars, elle améliore dans le grand bassin de Sarcelles deux meilleures performances françaises de tous les temps chez les 17 ans sur 200 m (2'00"57) et 1500 m (16'41"44).

Du dos, du sprint long, du demi-fond. La palette de Laurette s'est grandement élargie au cours de l'hiver. Mais l'heure n'est plus aux plongeons expérimentaux. C'est aux Championnats de France de Saint-Etienne, qui ont lieu un mois plus tard, que Laure va devoir transformer tous ces essais.

Une star est née

En débarquant le 13 avril 2003 dans le Forez pour y disputer ses quatrièmes Championnats de France parmi l'élite, Laure Manaudou ne s'imagine pas un seul instant que l'espace d'une semaine, on va, à Saint-Etienne, davantage parler de natation que de football. Mais aussi, qu'une palanquée de nageuses termineront la compétition vertes de rage. Et tout cela, grâce, ou plus précisément à cause d'elle. Le coup d'envoi de ce sommet national n'a pas encore été donné. Laure savoure ces derniers instants de relatif anonymat. Si le milieu sait ce qu'elle vaut, il ne se doute pas pour autant du festival qui l'attend. Quant au grand public, il a vaguement entendu parlé de cette junior prodige à la gueule d'ange et pleine de promesses. Mais à quoi bon s'enflammer ! Les expériences passées ont, malheureusement, souvent prouvé que toutes les lignes d'eau qui ont vu défiler des phénomènes de précocité, se sont vite retrouvées dépeuplées. Car sortir du lot quand on est jeune et bourré de talent, c'est une chose. Mais assumer son nouveau statut, confirmer au niveau supérieur et surtout, ne pas exploser en vol, c'est une autre paire de manches.

Laure débarque donc dans le bassin olympique de la piscine Raymond-Sommet « un peu en touriste, raconte-t-elle. Personne ne me connaissait vraiment ou ne se souciait de moi ». Une simple impression car, en réalité, Laure est attendue au coin du bassin. « En décidant de s'entraîner avec Philippe Lucas, on se doutait bien qu'elle n'allait pas au Club Med, ironise Lucile Duchateau. Lucas avait une réputation sulfureuse de dur, d'entraîneur qui emploie un vocabulaire particulier, mais qui sait tirer le meilleur de ses nageuses. Avec son entraînement rigoureux axé sur les longues distances et la musculation, on se disait qu'elle prendrait 15 kg et que cela modifierait ses appuis dans l'eau ! Finalement, Laure n'a pas changé. Elle est restée fine. Quant à son programme, on pensait que Lucas exploiterait ses qualités de sprinteuse et chercherait à capitaliser le 100 m dos. Mais lorsqu'on l'a vue sur 400 m, on est restés septiques. On pensait que ce serait contre-nature. Au final, on a tous été scotchés ! »

Après avoir refusé, l'été précédent, de participer aux Championnats d'Europe de Berlin puis connu sa première sélection officielle parmi les seniors dans le petit bassin gentillet de Riesa, la Melunaise compte bien, cette fois-ci, décrocher sa qualification pour les Championnats du monde de Barcelone. Si possible sur 400 m. Et bien entendu, honorer sa sélection. Si la « guest star » de ces Championnats de France se nomme Pieter van den Hoogenband, le « Hollandais volant » détenteur du record du monde du 100 m -la distance reine de la natation- et champion olympique en titre des 100 et 200 mètres venu tester à Saint-Etienne son état de forme, Manaudou ne va pas tarder à lui voler la vedette.

Dès le premier jour de compétition, Laure marque les esprits. Quelques mois seulement après s'être mise au 400 m, « un choix de mon entraîneur », précise-t-elle, un entraîneur au nez très creux, serait-on tenté d'ajouter, elle bluffe l'assistance, écoeure la concurrence et braque les projecteurs sur elle. Sans se poser la moindre question, elle va prendre son destin en main, comme une grande, et diriger les opérations aux côtés des Roumaines Potec et Paduracu, elles aussi invitées en France comme Van den Hoogenband, et respectivement troisième et quatrième des derniers Championnats d'Europe seniors... Alicia Bozon, championne de France et détentrice du record de France de la distance depuis deux éditions, subit une humiliation sans nom. Sa cadette va non seulement lui subtiliser sa couronne nationale, mais également lui chiper son record de France (4'10"68), la reléguer à quatre secondes, décrocher son ticket pour les Mondiaux espagnols et réaliser la deuxième meilleure performance mondiale de l'année sur 400 m. Autant dire la totale sur une distance que la jeunette découvre à chaque sortie depuis six mois. Dans son style parfois très fleuri, Philippe Lucas analyse la performance à sa manière : « Elle a montré qu'elle avait des c...., pardon, qu'elle avait un sacré carafon ! C'est mérité, car elle s'est beaucoup entraînée cet hiver ».[9]

L'onde de choc est déjà palpable. Seule française du jour à avoir composté son billet pour le rendez-vous planétaire de juillet, Laure est prise d'assaut. Un micro qui se tend à droite, un dictaphone à gauche. On veut tout savoir sur cette ado sans peur et sans complexe. A l'issue de son marathon médiatique, Laure lâche : « Je n'ai pas arrêté de répondre aux questions des journalistes. Ca va, ça ne m'embête pas trop, mais je n'ai plus une minute à moi ! » L'étroitesse de son emploi du temps ne va pourtant pas cesser de croître.

Quarante-huit heures après son entrée fracassante dans la compétition, Laure se remet à l'eau sur 1500 m. De retour sur le devant de la scène depuis 2001, cette distance manque cruellement de références et, il faut bien le dire, d'un peu d'intérêt. Alors, à sa manière, elle va se charger de redorer le blason de cette pure course de demi-fond tombée en désuétude. D'abord en rabotant l'antique record de France de la spécialité détenu

depuis presque quinze ans par l'Antiboise Karyn Faure (16'34"14 contre 16'36"28). Ensuite, en faisant main basse sur un second titre national en deux courses. Et puis, cerise sur le gâteau, en obtenant un nouveau laissez-passer pour Barcelone. Un coup parfait que l'intéressée n'aura pas le temps de commenter -en tout cas dans l'immédiat- car seulement une heure plus tard, elle doit participer à une nouvelle finale : celle du 100 m dos.
Or, ces championnats de France s'apparentent à une équation grandeur nature à plusieurs inconnues. Si Laure a parfaitement dompté jusqu'à présent deux distances (400 et 1500 m) qui lui étaient inédites, elle ignore comment son corps va réagir dans l'enchaînement des courses. A ce stade de la compétition, c'est donc une première qu'elle s'apprête à vivre. Un grand saut qu'elle va parfaitement maîtriser, telle une forçat des bassins rompue depuis des lustres aux cadences infernales. En pressant jusqu'à la racine la dernière sève d'énergie qu'il lui reste, la nouvelle Miss France, comme la qualifie joliment le quotidien *L'Equipe*, réalise un nouveau tour de force : titre national, qualification pour les Mondiaux et meilleure performance française de tous les temps dans la catégorie « 17 ans » (1'1"68). Définitivement larguée par son ancienne dauphine, Roxana Maracineanu doit se contenter de la médaille d'argent, à plus d'une seconde et demie de Manaudou. Un gouffre qui commence à sentir la passation de pouvoir…

« Je suis morte. », déclare-t-elle à sa sortie de l'eau. On la disait discrète. Elle se révèle plutôt bavarde. Et de poursuivre : « Je ne sais pas vraiment comment j'ai fait. Je n'arrive pas y croire. Le 1500 m était un peu long. J'ai eu le temps des penser à plein de trucs, des choses qui n'ont rien à voire avec la natation. Jusqu'aux 800 m, je me sentais bien. Ce n'est qu'après que j'ai eu les jambes lourdes. Avec tout l'entraînement que je suis depuis 2001, je sens que j'ai beaucoup d'endurance et du punch, ce qui me permet d'enchaîner les courses en compétition. Le 100 m dos ? Je suis étonnée par mon résultat. Il faut dire que le dos, je n'aime pas beaucoup ça alors j'ai été la première surprise de me voir finir comme ça sur cette épreuve. » La greffe a pris. Hier étiquetée spécialiste du sprint et du dos (alors qu'elle n'apprécie paradoxalement pas ça), la boulimique s'est parfaitement convertie au crawl et aux épreuves à rallonge.

Même s'il sait où il va, Philippe Lucas s'avoue tout de même un peu baba. « C'est mieux que ce que j'espérais, confie-t-il. Elle a nagé exactement comme je lui ai demandé. Elle y est allée avec la tronche. C'est une battante, une orgueilleuse. La défaite n'existe pas dans sa tête. Elle possède toutes les qualités pour devenir une très très grande nageuse en compétition. » Le décor est planté. Porté par l'enthousiasme ambiant, le technicien, d'ordinaire plutôt avare de compliments, se laisse aller à quelques croustillantes révélations sur le potentiel de sa protégée. Les nuances et bémols, ce sera pour plus tard car Laure la gloutonne a encore du chlore sur la planche.

A commencer par le 50 m dos, la distance qui l'a vu naître aux yeux des initiés un an plus tôt, aux Championnats de France. Détentrice en titre de la couronne nationale, Laure ne va laisser, une fois encore, que des miettes à ses poursuivantes, comme Roxana Maracineanu qui doit se contenter d'une modeste troisième place. L'idole est déchue, en perte évidente de vitesse. Cruelle loi du sport que de voir émerger une sirène pendant qu'une autre semble irrémédiablement couler à pic. Mais avant de sauver les meubles et de décrocher un vingt-cinquième titre national sur 200 m dos, une distance justement désertée par Laure, la championne du monde 1998 rend un hommage appuyé à cette ado qui l'a déboulonnée de son piédestal. « Je sais ce qu'elle fait à l'entraînement et je dois bien avouer que c'est phénoménal. C'est rare d'avoir des nageurs de ce talent en France, capables d'avoir à la base un niveau aussi élevé et d'être tellement au-dessus des autres avec de l'entraînement. »[10] Puis de confier, parce que les rôles d'observatrices se sont inversés : « Sa force, c'est l'insouciante positive ».

A 16 ans et malgré le bouillonnement qui règne autour d'elle dans le Forez, Laure respire, clairement l'insouciance. « Avant les courses, j'aime bien aller voir mes parents et mes copains autour du bassin, raconte-t-elle, par exemple. Je rentre vraiment dans la course cinq à dix minutes avant le départ, dans la chambre d'appel. A ces Championnats de France, je n'ai pas ressenti de stress. J'avais l'impression de participer à la Vittel Cup (une course interrégionale) ! » Autre perle symptomatique de ce relâchement de tous les instants, ces baisers langoureux, et pour certains anciens déplacés, échangés avec son chéri de l'époque, l'international français Fabien Gilot, aux quatre coins de la piscine stéphanoise. Parfois même, seulement cinq petites minutes avant de se mettre à l'eau ! Quant à son avenir que tout le monde estime désormais doré, elle répond en toute décontraction : « Mouais, on verra. Il peut s'en passer des choses. »

En attendant, Laure a une dernière page (d'histoire) à écrire. Et puisque ramasser les titres à la pelle, collectionner les tickets d'entrée au grand show barcelonais, dépoussiérer les records de France, empocher 300 euros à chaque nouvelle marque nationale battue et rafler les home-cinéma (la dotation offerte à chaque vainqueur) devient un véritable jeu, pourquoi diable se priver d'un dernier festin ! Sur 800 m, l'ogresse va donc une fois encore se gaver. Victoire haut la main, nouveau record de France amélioré de six secondes et cinquième passeport pour les Mondiaux validé. C'est fromage, dessert et Calva à la fois ! Dans son numéro consacré à ces Championnats de France, *Natation Infos*, le magazine officiel de la Fédération Française de Natation (FFN), analysera cet ultime opus de la manière suivante : « Haute sur l'eau comme doivent l'être les nageuses de demi-fond, réglée comme un métronome au niveau du rythme, sans oublier son battement deux temps qui se modifie après chaque virage pour relancer sa nage, Laure s'est glissée entièrement dans la peau et l'esprit d'une excellente nageuse de demi-fond ». Avant d'ajouter : « Encore plus étonnant, son état de fraîcheur à l'arrivée en dit long sur son potentiel. Mais au fait, où sont vraiment ses limites ? » C'est toute l'étendue d'une question qui reste, aujourd'hui encore, d'actualité.

Laure Manaudou rêvait d'un bon cru. Au final, ces Championnats de France 2003 resteront un millésime exceptionnel. Avec cinq titres nationaux, quatre records de France et cinq billets pour les Championnats du monde de juillet, une star est née. « Je ne m'attendais pas à ce que les choses aillent si vite. Je pense que mon entraîneur, aussi, a été surpris. C'est vrai que c'est un peu bizarre à vivre. Je ne pensais pas vraiment obtenir de tels résultats. En fait, mon objectif était de me qualifier pour les Championnats du monde. J'ai fait du mieux que je pouvais et quand j'ai vu que ça marchait, j'ai continué… Il n'y pas si longtemps, j'adorais des nageurs comme Roxana Maracineanu et maintenant, je me trouve devant eux dans des courses. Je les adore toujours, bien sûr, mais la situation n'est plus du tout la même. »[11]

En l'espace de huit jours, la chrysalide devenue papillon a

changé de monde et de statut. Les superlatifs pleuvent. Les projections vers un avenir radieux se succèdent. On ose les comparaisons les plus flatteuses. Et les médias s'en donnent à cœur joie en rivalisant de jeux de mots avec son prénom plaqué or. La presse, justement, qui en a fait sa coqueluche, peut se frotter les mains. Jamais une ado aussi bien armée pour les sommets ne leur avait été servie de la sorte sur un plateau. Avec sa fraîcheur, son insouciance, son talent, son ambition à fleur de peau, son joli minois, son sourire candide, son physique taillé pour la performance, mais aussi son appareil dentaire (!), Laure cumule les atouts. La France tombe sous le charme, grâce, notamment, à un reportage sur elle diffusé au journal télévisé de 20 heures de TF1 et qui sera vu pas près de dix millions de téléspectateurs. La nouvelle promesse de la natation française n'en revient pas : « Je ne m'y attendais pas. Ca m'a fait bizarre car je ne me reconnaissais pas beaucoup, mais c'était agréable. Tout mon entourage l'a en tout cas bien pris et m'a dit que ça donnait une bonne image de moi. Alors, c'est plutôt bien, je pense. ».

Face à la meute médiatique qu'elle a su aimanter, elle apprend vite. « Au début, il y avait plein de monde en même temps autour de moi. Je ne m'y attendais pas à ce point. J'avais peur ou je ne savais pas quoi répondre devant les caméras car je j'aime pas trop les interviews à la télé. Et puis, j'ai compris que c'était toujours les mêmes questions qu'on me posait ! On me demande généralement si je suis contente et, comme je fais de bons résultats, je le suis toujours ! Par contre, les questions de la presse écrite, ça va. »

Dans la foulée, c'est Olga, sa mère, qui va être confrontée à cette déferlante médiatique. A l'époque, c'est en effet elle qui gère à distance et d'Ambérieu-en-Bugey les à-côtés de sa fille exilée pour la bonne cause à Melun. C'est donc elle qui assistera aux premières loges à la naissance du phénomène Manaudou. « Les journalistes ? explique-t-elle à l'époque. Ca n'arrête pas ! J'imagine la vie des stars. Ca doit être épuisant. Il faut tout gérer : les coups de fil, les rendez-vous. On essaye de concilier au mieux son emploi du temps pour que ces sollicitations n'empiètent pas sur ses entraînements et ses études par correspondance. »[10].

Pour ce qui est des études, le risque est infime. Depuis son arrivée en Ile-de-France, Laure ne s'est toujours pas découverte de vocation pour le bachotage. Ni de passion tardive pour l'histoire, sa matière honnie, et la littérature qui se limite chez elle à la lecture de la presse people… Après avoir redoublé sa seconde et suivi quelques cours particuliers de mathématiques et d'anglais, elle passe au forceps en première. Mais bientôt, la natation torpillera définitivement la fin de ses études secondaires. « Abandonner mes études pour être juste championne de France n'aurait pas rimé à grand-chose, expliquera-t-elle un peu plus tard. C'aurait été prendre un trop grand risque pour pas grand-chose. Si on veut vraiment réussir une chose, on ne peut faire qu'une seule chose à la fois. Pour l'instant, je ne souffre pas de cet arrêt prématuré. J'ai réussi autre chose. Je ne regrette rien, je fais ce qui me passionne. Et à la fin de ma carrière, je pense que je n'aurai pas trop de problème à trouver du travail ! » Quant à la préservation de son joyau et de ses entraînements, Lucas y veille comme on couve un trésor de guerre. Bref, autant dire que le filtre voire le rempart à sollicitations fonctionne à plein régime puisque seule une petite demi-douzaine de journalistes parviendra, les deux mois suivants, à franchir la barrage qui mène à la piscine de Melun.

« C'est l'idéal, observe à ce moment clé et en fin connaisseur

Franck Esposito. Si je devais lui donner un conseil, ce serait justement de continuer à travailler tranquillement dans son coin. Sans penser aux gens qui lui tournent autour. »
Lucas ne pourra, en revanche, jamais rien contre la popularité naissante de sa protégée qui se traduit, le plus souvent, par des demandes d'autographe spontanées. Cet exercice, Laure y est confrontée depuis l'âge de 14 ans. « La première fois qu'on m'en a demandé un, raconte-t-elle, j'ai répondu : « Pour quoi faire ? ». En plus, c'était l'une de mes adversaires ! Je n'ai pas vraiment compris. Après, on s'y habitue. J'essaye de faire plaisir aux gens et surtout aux petits, notamment à la descente de chaque podium des Championnats de France. Mais ce n'est pas toujours facile car je n'ai pas le temps. Je dois d'abord récupérer. »

Ce début de notoriété ne va pas changer Laure. Question de nature et de fréquentation. Avec pour mentor un coach de la veine de Lucas, la désormais multi-championne de France ne risque pas d'attraper la grosse tête. Régulièrement, telle une piqûre de rappel, le « loulou » de Seine-et-Marne n'a, en effet, de cesse de lui marteler qu'elle n'a encore rien prouvé dans sa carrière et que le plus dur reste à faire. Et puis, parce que les championnats nationaux, continentaux et mondiaux ne constituent à ses yeux que des étapes intermédiaires avant le terminus olympique, Laure trace sa route sans se retourner sur le début de son œuvre. Comme avant Saint-Etienne. Comme si de rien n'était. « Elle ne se prend pas pour une star, confie alors sa mère. Elle n'a pas changé. Elle est restée elle-même. Toujours aussi discrète et proches de ses copines. »
Pourtant, Laure va devoir prendre un peu le large avec ses amies à l'approche des Championnats du monde de Barcelone

(20 au 28 juillet) et entrer dans une phase d'affûtage qui va un peu la « couper » du monde. Tout au long des huit dernières semaines qui précédent son premier raout planétaire, la néophyte en la matière va enchaîner les stages à Canet-en-Roussillon, dans les Pyrénées-Orientales, participer à un tournoi triangulaire réservé à une sélection de nageurs français, espagnols et portugais, et accumuler les ultimes répétitions ultra encourageantes sur 100 m dos, 200 m 4 nages, 200 m, 800 m et 1500 m. De Caen à Canet, Manaudou fait briller Laure. Vivement Barcelone !

Perdue au milieu du monde

D'ici quelques jours, Laure goûtera à son premier bain planétaire. L'envie est folle, mais le cœur n'y est pas pleinement. « Même si je suis impatiente de voir ce que c'est au niveau de l'équipe, de l'ambiance et du public, j'avoue que j'appréhende un peu, confie-t-elle. Je ne sais pas vraiment comment ça va se passer. Je suis pressée et en même temps, j'ai peur. Je pense que j'aurai un peu la pression. Mais je préfère ne pas trop y penser. Je m'imagine simplement devant le plot de départ, avec tout ce monde autour qui te regarde. Ce sera tout de même ma première grosse compète. » Ce stress, inhérent à une telle entrée en matière dans le monde des très grands, n'explique pas tout. Pour le sommet catalan, Laure sera privée de son mentor. Une nouvelle qui la chagrine, tant elle est devenue « Lucas dépendante ».

A l'époque, les dirigeants de la natation française n'ont pas encore pris la mesure des liens quasi filiaux qui unissent ce couple très particulier. Alors, plutôt que de l'intégrer dans l'équipe de France au titre d'entraîneur associé, la Fédération Française de Natation a décidé de se passer des services de ce technicien à la langue bien pendue et aux méthodes qui décoiffent. Mais Lucas a du mal à le digérer et n'hésite pas à le faire savoir. « Je passe six heures par jour au bord du bassin avec elle et je ne peux pas accéder au dessert ! rumine-t-il. On travaille à deux et on aurait dû finir l'ouvrage à deux ! C'est dommage qu'ils n'aient pas eu envie de m'emmener. Surtout à son âge.

Heureusement, elle n'a pas de problème dans sa tête. »[12]
Dans sa tête, non, mais un peu plus bas, assurément. Touchée au plus profond d'elle-même par cette exclusion qu'elle vivra viscéralement très mal en tout début de compétition, Laure passera le premier jour allongée dans les tribunes, le ventre à l'envers et l'humeur de travers. « J'étais stressée et tellement impressionnée par l'ambiance que je m'en suis rendue malade, raconte-t-elle. J'en ai même vomi. » Lucas, lui, ne décolère pas « On ne l'a pas mise dans de bonnes conditions pour faire une grande compétition. On l'a jetée dans la gueule du loup en attendant qu'elle se plante ! ». Les soutiens palliatifs vont néanmoins se succéder au chevet de la « malade ». Lionel Horter, le coach de Roxana Maracineanu à Mulhouse, et grand copain de Lucas, s'improvise « entraîneur en second ». Lucien Lacoste, directeur des équipes de France, ne la perd pas de vue. « Pour elle, Barcelone, c'est la découverte, souligne ce dernier. Le risque d'être impressionnée par l'environnement, par la présence de grands champions (Popov, Thorpe, Van den Hoogenband,...) au mètre carré et par le côté un peu grandiose de l'événement était bien réel. Mais on va l'aider à dépasser cet état pour qu'elle ne soit pas spectatrice de sa propre course et qu'elle ne passe à travers. On va l'aider à prendre conscience de tout cela pour que ce ne soit pas un frein. »
Au sein de cette équipe de France qui ne compte que treize éléments dont seulement deux filles, c'est Franck Esposito, Julien Sicot et la Toulousaine Solenne Figuès, qui partage d'ailleurs la chambre de Laure à l'hôtel Melia Confort Apollo, qui se chargeront de mettre la benjamine du collectif dans les meilleures dispositions. « Tout le monde la bichonnait et était aux petits soins avec elle, se souvient « Espo ». On faisait attention à elle et on faisait en sorte qu'elle gère au mieux cette première

grande compétition. On la mettait au parfum. On la titillait aussi un peu. On la sentait douée et prête à exploser. Ce qui nous avait tous frappé chez elle, c'était son incroyable faculté de récupération aussi bien après ses courses qu'après ses maux de ventre du premier jour. Et puis, c'était une « bonne gueule » timide, qui ne parlait pas trop, mais qui était agréable à vivre. »
Enfin, et ce n'est pas rien, il y a Jean-Luc et Olga, les parents, qui sont venus soutenir leur progéniture mais qui ne pourront trouver les mots aux maux qu'une poignée de minutes par jour, uniquement quand l'emploi du temps marathon de Laure le permettra.

Pour cette très grande première en eaux internationales qui n'a rien à voir avec l'ambiance champêtre des Championnats de France, Laure et son entraîneur n'ont pas opté pour la facilité. Qualifié depuis son show stéphanois sur cinq épreuves, le nouveau phénomène de la natation française honorera en terre espagnole quatre de ces cinq invitations. Sur 50 et 100 m dos, 400 m et 800 m. Un sacré challenge, digne des meilleurs mondiaux. « Mais Laure est là pour apprendre et se positionne dans la perspective d'objectifs à long terme », rappelle Lionel Horter. « Accrocher une finale serait déjà pas mal, poursuit l'intéressée. Sur 100 m dos et 400 m, c'est possible. Et puis, j'aimerais terminer parmi les cinq premières. Ca voudrait dire que je suis directement qualifiée pour les Jeux. J'en rêve. Après, on verra… » Si la mascotte de l'équipe de France met le conditionnel, Lucas, lui, à distance, croit mordicus en sa protégée. Et l'imagine capable de perturber l'échiquier planétaire dès son coup d'essai. « Je n'oublie pas que la compétition, c'est son truc, clame-t-il. Alors, quand le moment arrivera, ce sera la guerre ! Et une fois qu'elle sera en finale, tout sera possible. Elle est capable de rivaliser avec les meilleures. »

Les premières longueurs dans la piscine olympique du Palau Sant Jordi de Montjuic ramènent tout ce beau monde à la dure réalité du très haut niveau. Stressée, donc, à s'en rendre malade, « Super Manaudou » réalise une prestation très ordinaire sur 400 m. Treizième temps des séries en 4'12"66, Laurette doit se rendre à l'évidence. « C'était un peu dur. Je n'ai pas l'habitude de nager avec autant de monde autour, ça m'a fait bizarre. Je n'ai jamais connu ça et c'est vrai que j'étais impressionnée. J'étais tellement stressée avant la course... Il ne faut pas oublier non plus que cela ne fait même pas un an que je fais du 400 m. Je manque d'expérience et j'avoue que je ne savais pas si je devais nager vite ou pas en séries pour passer sans trop puiser dans mes réserves. En plus, ma combinaison a pris l'eau. Je sentais des bulles dans les virages ! C'était compliqué. »
Des problèmes gastriques additionnés à des détails d'ordre technique, cela fait beaucoup pour une demoiselle, aussi talentueuse soit-elle. Et puis, comme si cela ne suffisait pas, Laure ressent déjà le vide laissé par Lucas. Désarçonnée tactiquement, elle n'a pas su prendre les bonnes décisions au bon moment au point d'être passée en moins de cinq minutes de l'audacieux au médiocre. « Au premier cent mètres, analyse avec du recul son coach, elle est passée plus vite que le record du monde ! Après, seule devant, elle s'est posée des questions, a ralenti et s'est fait battre. Si j'avais été présent, je l'aurais prévenue. Je lui aurais dit : « Si tu es devant, tu continues. Elles n'en ont rien à foutre de Manaudou. Elles ne savent même pas que tu es née ! Elles vont se dire : « On va finir deuxième de la série », et ne viendront pas te chercher. Et tu vas en finale. » Je le lui ai déjà dit, mais il faut le répéter tout le temps. C'est normal. C'est un moment de stress, de combat et tu dois être

là pour rappeler de petites choses essentielles. »[12]
Fan de ballon rond et inconditionnel du Paris Saint-Germain, Philippe Lucas aurait été à coup sûr un renard des surfaces s'il avait embrassé une carrière de footballeur. Claquettes au pied, il a su s'imposer comme un sacré filou qui a plus d'un tour dans son sac. Mais pas la peine de refaire le match. Manaudou doit se faire une raison et accepter de se passer définitivement des précieux conseils de son entraîneur.
Dès le lendemain, Laure poursuit son apprentissage sur une distance qui lui est bien plus familière, à savoir le 100 m dos. Même si cette course l'emballe de moins en moins, la « bizuth » possède néanmoins davantage de repères qu'en demi-fond. Malheureusement, elle se présente encore patraque au départ et traînera comme un boulet les stigmates de sa journée tord-boyaux. Onzième des demi-finales avec un chrono de 1'2"42. Le bilan est passable. Peut mieux faire. « Moi qui visais la finale, c'est raté ! souffle-t-elle. Tant pis ! Pour mes premiers Mondiaux, je suis tout même contente d'atteindre les demi-finales d'autant que je suis toujours un peu malade. Je n'ai d'ailleurs presque rien mangé pendant vingt-quatre heures. J'ai aussi beaucoup de maux de tête. Mais bon, il me reste deux courses. J'espère que ça va aller, que je serais de moins en moins stressée au fur et à mesure des courses. C'est marrant, mais je remarque que je suis encore plus stressée pour les épreuves de dos qu'en nage libre. Je ne sais pas pourquoi… »
Effacée comme à son habitude, Laure ne recherche pas la compagnie. Elle observe le déroulement des opérations du coin de l'œil. « Elle était seule dans son coin, se souvient ce membre du staff tricolore qui a préféré conserver l'anonymat. Elle était extrêmement introvertie, ne montrait rien de ce qu'elle pouvait éprouver. Elle ne se mêlait pas non plus trop de la vie de

l'équipe de France. Si on n'allait pas vers elle, elle ne venait pas vers nous. Elle se laissait guider. J'avais rarement vu ça dans le sport. » Mais si Laure mérite aisément la médaille d'or de la timidité maladive, elle ne fait pas preuve, pour autant, de mauvais esprit. Bien au contraire, même, puisqu'elle fait l'unanimité en termes de gentillesse et de fraîcheur. La jeunette du groupe ne se sent simplement pas vraiment à sa place dans ce groupe d'« anciens ». Mis à part Fabien Gilot qu'elle a côtoyé en sélection nationale juniors et qui est son petit ami, les autres ne sont à ses yeux que des compagnons d'adoption. Au final, la cohabitation se déroulera sans le moindre heurt. Mais le décalage, voire le choc des générations, saute aux yeux.

Après vingt-quatre heures de récupération, Laure s'est refait une santé. Aussi se présente-t-elle dans une toute autre forme que les jours précédents au départ du 50 m dos. Avec enfin, en bout de course, des enseignements et un message envoyé à toutes celles qui oseront se frotter plus tard à elle : la néophyte apprend vite, très vite même. En réalisant le 7e temps des demi-finales et en raccourcissant, du même coup, pour la sixième fois déjà, son propre record de France de l'aller simple sur dos (28"86 contre 29"02 auparavant), Manaudou se qualifie pour sa première finale mondiale. A sa sortie de l'eau, Laure-la-timide fend l'armure et laisse apparaître un fond de jubilation. « Ca fait du bien de me savoir en finale ! D'avoir réussi cela pour les premiers Mondiaux. Je vais me sentir moins stressée. En plus, je bats mon record de France. Franchement, je ne pensais vraiment pas l'améliorer autant. Je ne suis plus malade. Je sens que la forme revient. Je vais en profiter. Et comme c'est ma troisième épreuve ici, j'ai moins d'angoisse. Je me suis habituée à voir tous ces grands nageurs à côté de moi. »[13]

En revanche, s'il y en a un qui ne la laissera jamais indifférente, c'est bien le « Tsar superstar » Alexander Popov. L'idole majeure, loin devant Thorpe, Maracineanu et Esposito. Pour ses premiers Mondiaux, Laure n'est pas prête d'oublier la résurrection du Russe sur 100 m, quatre fois champion olympique et cinq fois du monde, redevenu à 31 ans roi de la planète sur la distance reine. Programmée en fin de session, cette finale de « pur-sang » disputée, entre autres, par Popov, Van den Hoogenband et Thorpe, va conditionner le public, chauffé comme rarement, et envelopper le site dans une ambiance électrique. Aussi, quand Laure doit se jeter à l'eau pour sa finale du 50 m dos, les spectateurs en attente du bouquet final sont déjà en transe. « Tout ce public surexcité qui hurlait, ça m'a fait bizarre. Je me rappellerai longtemps de cette première finale. Je me suis fait plaisir et j'en ai pris plein les oreilles ! » Sportivement parlant, Laure s'en sort avec les honneurs. Septième avec un temps en deçà de son ancien record de France et après un départ qui laisse à désirer, c'est plutôt pas mal. L'apprentissage suit parfaitement son cours même si l'ultime sortie, sur 800 m, ne restera pas dans les annales (19e en 8'44"75).

Hors du bassin, Laure en profite également pour apprendre et corriger certains tics qui pourraient bien, un jour, lui jouer certains tours si elle n'y prend pas gare. A commencer par ce relâchement chronique dont elle fait preuve avant le départ de chaque course. Rarement stressée, jusqu'à présent, par l'enjeu, la nageuse de Melun a pour fâcheuse habitude de se disperser, rigoler et papoter jusqu'à cinq minutes avant l'heure dite.

« Comme si ça ne l'a concernait pas, observe sa mère. A croire qu'elle se laisse embarquer par son programme sans jamais vraiment prêter attention au reste. » Si cette attitude relève plus de l'échappatoire au stress que de la négligence comportementale (« Je ne me concentre pas trop longtemps sinon je flippe »), la girouette va néanmoins s'efforcer à Barcelone de se responsabiliser et de s'acheter une conduite. « Comme je ne connaissais pas trop les étrangers et que j'avais peur de rater ma course, alors, j'arrivais en avance dans la chambre d'appel. » Et de profiter de cette nouvelle résolution pour observer, puis expérimenter et enfin déclarer définitivement la guerre psychologique à ses adversaires.

Cette méthode, à mi-chemin entre fierté exacerbée, part d'intox et intimidation rituelle, a déjà fait ses preuves dans les chambres d'appel des compétitions d'athlétisme, les rings de boxe ou encore les tunnels de stades de football ou rugby. Laure, elle, l'appliquera systématiquement à mesure qu'elle étendra sa suprématie mondiale sur des distances et compétitions de plus en plus nombreuses. « Si on arrive dans une compétition, toute petite, à rester dans son coin, les autres vont savoir que vous êtes faible. Moi, j'aime bien aller en chambre d'appel, regarder si les autres nageuses ont peur. Le but, c'est de rester imbattable, que dès les autres nageuses me voient arriver en chambre d'appel, elles se disent : « C'est bon, j'ai perdu, ce n'est même pas la peine d'essayer. » L'intimidation, ça joue. Par exemple, en 2002, aux Championnats d'Europe juniors, j'avais battu la Russe Komarova sur 100 m dos. Depuis, elle me regarde très très méchamment. On ne se parle pas du tout. C'est assez tendu. On ne va quand même pas se sauter dessus mais bon, je crois qu'elle me déteste ! »[2]

Il faut dire que sous ses faux airs de jeune fille lisse et docile se cache, en réalité, une redoutable compétitrice toujours prête à mettre le feu. Au cours de ces Mondiaux 2003, c'est d'ailleurs elle qui déclencha clairement les hostilités contre sa meilleure ennemie. « Avant ma demi-finale du 100 m dos, raconte-t-elle, je me suis mise en face d'elle et je l'ai regardée longuement et fixement. Je voulais la déstabiliser et l'agacer car je sais qu'elle ne m'aime pas depuis que je l'ai battue en juniors. » Peine perdue car cette fois-ci, c'est sa rivale qui fera le break et décrochera le précieux sésame pour la finale. Mais Laure aura grandement l'occasion, par la suite, de prendre sa revanche ainsi qu'un ascendant psychologique définitif.

Ainsi, donc, s'achèvent les dixièmes championnats du monde de natation. A Barcelone, Laure est venue, a vu et n'a pas vaincu. Mais l'essentiel est ailleurs. L'ambitieuse a pris ses marques et surtout rendez-vous pour le prochain événement planétaire qui n'a jamais quitté son esprit depuis son plus jeune âge : les Jeux Olympiques d'Athènes. Si l'envie de réaliser, en Grèce, un grand coup l'habite toujours, le propos se veut beaucoup plus nuancé que par un passé proche. En Espagne, Laure a en effet pu apprécier à sa juste valeur le haut niveau mondial. Et mesurer, du coup, le fossé qui la sépare encore du haut du panier. « Aux Mondiaux, j'ai trouvé la compétition très relevée et très dure sur le plan psychologique car je manquais d'expérience, admet-elle. Jamais de ma vie je n'avais été stressée comme cela. Je ne savais plus comment m'y prendre… Je me suis également rendu compte que c'était très serré en dos. Ca me fait un peu peur car en plus, je n'aime pas en faire à l'entraînement. L'une des grandes découvertes, pour moi, fut de gérer les séries du matin en nageant vite pour entrer en finale et aller encore plus vite l'après-midi. C'est quelque chose de très important pour réussir des perfs et décrocher des médailles. Avant même de parler de performances à Athènes, je dois donc garder les pieds sur terre et assurer, d'abord, ma qualification. Chaque chose en son temps. Je tiens à rester prudente

d'autant que Philippe m'a bien prévenu. Il m'a bien dit que les Jeux, c'est encore autre chose. C'est un autre monde à tous les niveaux. Les temps, l'ambiance, les médias. »
Pour Philippe Lucas, c'est l'heure de tirer un premier bilan de cette saison qui fera date. Fidèle à son habitude, le coach reste d'une objectivité impartiale et plante le décor pour les douze mois à venir. « Il y un an, je doutais de sa capacité à être très dure avec elle-même et à se mettre dans la peau d'une athlète de haut niveau car, à un certain moment, le talent ne suffit plus. Vous savez, le plus dur pour un entraîneur comme moi, ce n'est pas d'amener un nageur doué en compétition, mais c'est l'entraînement. C'est usant d'être derrière quelqu'un qui se repose sur son talent. Tout au long de l'hiver, Laure a réalisé les changements que j'attendais même si, après décembre, ça a été plus difficile. Elle s'est prise en main. Elle a franchi un palier. Elle est devenue beaucoup plus professionnelle. Maintenant, elle doit se glisser dans la peau d'une championne car ce n'est pas terminé, loin de là. Il faut absolument qu'elle soit plus pointue, plus consciencieuse au quotidien. Quand elle nage, plus que les chronos, je regarde ce qui ne va pas. Et sur son comportement, elle a des trucs à corriger. Elle doit être encore plus pro, éviter de s'éparpiller, de trop se disperser à droite et à gauche. Le jour où elle mettra tout cela en place, il peut y avoir du dégât. Elle peut prétendre à l'extraordinaire, décrocher le plus gros titre possible à condition qu'elle soit très dure avec elle-même et qu'elle fasse attention à tous ces détails. »
Après de courtes vacances estivales, la reprise à Melun s'annonce bien. Laure semble parfaitement régénérée et déjà, particulièrement motivée. « Je n'ai pas trop saturé après Barcelone, explique-t-elle. Je suis encore jeune, j'ai le temps

d'en avoir assez… Je ne peux pas passer une journée sans aller à l'eau. C'est aussi pour cela que j'ai très vite repris l'entraînement après les Championnats du monde. »[14] Pendant que les autres ados de son âge font la grasse matinée, se prélassent sur la plage, ingurgitent des doubles doses d'apéro et s'intoxiquent en boite de nuit, Laure, elle, retrouve son rythme de vie d'ascète. Avec au menu deux séances de natation par jour, une moyenne quotidienne de 17 kilomètres, de la musculation et… deux bonnes heures de sieste après le déjeuner pour pouvoir tenir la distance. « Je sors peu, mes amis me manquent mais ma passion, c'est nager. Nager m'apporte énormément de plaisir. J'aime l'ambiance du club, l'atmosphère des compétitions et gagner car c'est avant tout la récompense de tout le travail que je fournis. Et puis, il y a les Jeux Olympiques qui représentent beaucoup pour moi. »

De septembre à décembre, Laure va travailler d'arrache-pied. Sérieuse et appliquée comme jamais, elle écoute les conseils, enquille les bornes et soulève la fonte avec rage et détermination. Premier changement apparent : sa carrure. En soulevant davantage de poids à l'entraînement, Laure va gagner en masse musculaire et consolider son physique d'athlète. « J'ai changé physiquement, reconnaît-elle. J'ai un peu grossi, je suis un peu plus lourde mais j'aurais tout le temps de reperdre cet excédent avant les Jeux Olympiques. » Deuxième nouveauté : la récupération. L'une des particularités de la méthode Lucas, c'est de nager vite dès l'échauffement. Ainsi, quand les autres nageurs de l'hexagone montent lentement en régime et font progressivement chauffer la machine, Laure, elle, doit déjà lutter contre le chronomètre. Et violenter son corps sans le moindre round d'observation. Dès 6 heures du matin, Laure va, par exemple s'échauffer pendant 3-4 km sur des bases de 5 minutes au 400

mètres, contre 5'15-5'20 quelques mois auparavant. Les connaisseurs apprécieront… « Je suis l'une des seules à faire ça en France, confie-t-elle. Ce sont des temps très durs à faire dès l'échauffement. Mais je n'ai pas le choix car si je nage à 2 km/h, j'en ai pas fini ! Il ne faut donc pas perdre de temps. L'avantage, c'est que ça me permet d'être encore plus forte et de mieux récupérer. Et donc d'être moins stressée quand il s'agit d'enchaîner des courses. »
Troisième point positif : le mental. Au fil des semaines, les doutes nés à l'issue des Mondiaux vont se volatiliser, comme par enchantement. La somme de travail ingurgité va finir par la blinder mentalement et physiquement. Du coup, elle avance sans se prendre la tête ni se mettre trop de pression sur les épaules. « Je suis zen, avoue-t-elle. Je ne pense pas trop aux Jeux Olympiques. Je préfère prendre les choses du bon côté et profiter de la bonne ambiance qui règne entre les filles et les garçons au sein du club. » Enfin, le dernier bon point, ce sont ses premières sorties hivernales. Toujours capitales, car elles permettent de savoir où se situe le nageur dans sa préparation, ces compétitions de début de saison ont également pour but de valider ou, a contrario, de remettre en cause les bases d'un programme d'entraînement. Et le moins que l'on puisse dire, c'est que le menu, ou plus exactement l'entrée concoctée par le « Chef Lucas » a été parfaitement digérée par la « gastronome Manaudou ».
Dès début novembre, Manaudou occupe déjà le devant de la scène. Si la demoiselle ne débarque pourtant pas à Rouen dans un état de fraîcheur exemplaire en raison de la fatigue accumulée à l'entraînement, elle améliore son propre record de France du 50 m dos (27"76 contre 28"09) en petit bassin. Un mois plus tard, elle élève son niveau de performance en finale des

Interclubs à Chalon-sur-Saône, en s'emparant du record de France du 400 m en petit bassin. Avec force et autorité. Partie d'emblée sur des bases élevées, Laure ne va jamais lever le pied. Au final, elle va retrancher plus de trois secondes à l'ancien record de France détenu par sa coéquipière de l'équipe de France, Solenne Figuès (4'03"29 contre 4'06"36). Même Philippe Lucas est bluffé. C'est dire. « Ca commence à devenir intéressant. », lâche-t-il, un sourire en coin, et un œil sur les bilans mondiaux. Avec cette perf, sa protégée s'incruste, en effet, dans le Top 8 des meilleures mondiales sur 400 m. Au niveau national, elle marque un peu plus encore son territoire puisqu'elle ravit, ainsi, son septième record de France avec désormais quatre en grand bassin (400 m, 800 m, 1500 m, 50 m dos) et trois en petit (400 m, 50 m dos, 100 m dos). « Mais les records ne me bouleversent pas. », tient-elle à préciser. Et pourtant, l'addition va se corser dès le lendemain.

Décidément insatiable, Laure va cette fois-ci inscrire son nom sur les tablettes du 800 m en petit bassin. Et presque doubler la mise des secondes grappillées en raccourcissant la précédente marque de plus de sept secondes (8'25"12 contre 8'32"47). Problème : Laure est seule, décidément trop seule au niveau national. Dès qu'elle se met à l'eau, l'ogresse est partie pour un solo sans contestation possible. C'est donc ailleurs qu'il va falloir chercher la difficulté et la concurrence susceptible de la transcender. Conscient de cette réalité, Lucas griffonne un plan de route qui, de Dublin en Irlande à l'Ile de la Réunion, en passant par Bordeaux, Rennes ou encore Sarcelles, devrait lui permettre de croiser sur sa route quelques poissons-pilotes de premier choix.

Si l'on se fie à sa forme du moment et à ses premiers indices chronométrique, Laure devrait logiquement réaliser sa première pêche au gros lors des Championnats d'Europe de Dublin (11 au 14 décembre). Malheureusement, rien ne se passe comme prévu. Si elle se sent bien mieux au sein de ce collectif qui comprend plusieurs jeunes de sa génération, elle vit une fois encore très mal la mise sur la touche de Philippe Lucas par les instances fédérales. « J'ai besoin de Philippe et de ses conseils, clame-t-elle comme on envoie un SOS. Je suis toujours avec, je ne peux donc pas me passer de lui. Si je vais aux Jeux, c'est obligé qu'il vienne. Je serai une des plus jeunes. Il faut que j'aie mon entraîneur. » Une semaine après avoir marqué les esprits sur 400 m à Chalon-sur-Saône, Laure coule à pic de manière inattendue. Créditée du quatrième meilleur temps mondial de l'année sur la distance, elle se montrera incapable de franchir le cap des séries qui n'auraient dû être qu'une simple formalité. Les questions se succèdent. L'attente est-elle trop forte ? Supporte-t-elle la pression ? Est-ce dans la tête ? Ou bien est-ce plus grave, docteur ? Pas besoin de diagnostique très poussé. Lucas a la réponse à l'ensemble de ces questions. « On ne peut plus se permettre de ne pas emmener l'entraîneur d'une nageuse qui fait partie des meilleurs mondiales, constate-t-il avec colère. Un nageur évolue si l'entraîneur évolue. Si on le laisse à la maison, il n'évoluera pas. Il faudra donc qu'ils prennent la décision de m'emmener. De toute manière, si elle va aux Jeux, j'irai. Que ça plaise ou non. » Le débat est lancé. Il trouvera, fort heureusement, une issue heureuse à l'approche des J.O.

Mais « Laure-gueilleuse » Manaudou a de la fierté à revendre. Humiliée sur 400 m alors que toute l'Europe l'attendait au tournant, elle va se remobiliser pour laver l'affront sur 100 m dos et s'offrir, en guise de lot de consolation, une encourageante médaille de bronze (assortie de deux nouveaux records de France) synonyme de première breloque internationale chez les seniors. Pas si mal, vu le contexte.

A y regarder de plus près, le bilan de ces Championnats d'Europe en petit bassin n'est finalement pas si décevant que cela. Il est même carrément positif. Sans avoir prémédité son coup, Laure est en effet parvenue à détourner l'attention de la presse et du public sur une autre fille qu'elle. Et ce n'est pas une mince affaire, par les temps qui courent. Avec un titre continental sur 100 m, du bronze sur 50 m et cinq records de France battus, Malia Metella a aimanté les regards et éclipsé momentanément Laure. Un service indirect qui sera tout bénèf pour cette dernière qui va, ainsi, pouvoir se remettre au travail en toute quiétude. Sans que ses moindres faits et gestes soient décortiqués.

Quitte à se faire discrète, Laure a décidé de mettre les voiles entre Noël et le jour de l'an pour l'Ile de la Réunion. Là-bas s'y déroule le traditionnel meeting éponyme de fin d'année. Est-ce l'éloignement, l'été indien ou les retrouvailles avec Philippe Lucas qui vont lui redonner des ailes ? Toujours est-il qu'elle va de nouveau montrer son vrai visage dans le bassin du Port. Pas celui d'immense espoir de la natation tricolore qu'on lui connaît déjà, non. Un autre, autrement plus ambitieux et qu'on n'avait pas encore observé en eaux internationales. La jeune française va d'abord s'imposer sur 200 m devant la Roumaine Camelia Potec qui deviendra huit mois plus tard… championne olympique de la distance ! Sur 200 m dos, elle ne lâche ensuite pas d'une semelle l'Allemande Antje Buschschulte et l'Ukrainienne Yana Klochkova, respectivement championnes du monde en titre du 100 m dos et double championne du monde (200 m 4 nages et 400 m 4 nages), avant de terminer pile-poil dans leur sillage. Elle s'offre, enfin,

le luxe de battre à la régulière sur 100 m dos, autrement dit dans son jardin, Buschschulte. Plus qu'un joli cadeau de fin d'année, Laure vient surtout d'adresser à ses rivales ses meilleurs voeux. Pour elles, l'année 2004 s'annonce mal.
En l'espace d'un automne, Manaudou semble avoir changé dans son approche de la compétition. Pour ne pas dire mûri. La phase d'observation est terminée. Laure compte bien mettre son grain de sel dans les joutes chlorées à venir.
« Désormais, je ne regarde plus trop les autres filles, confie-t-elle de retour en France. Je me concentre sur ce que j'ai à faire. Je trouve qu'il n'y a pas beaucoup de différences, même si certaines ont dix ou quinze ans de plus que moi. Nous sommes toutes quasiment du même niveau. Je ne sais pas si j'ai tout le temps devant moi. Je ne sais pas quand je serai au plus haut niveau. En tout cas, il n'est jamais trop tôt pour bien faire. Comme tout sportif, j'ai envie de participer aux Jeux Olympiques. Philippe m'a dit que je pouvais l'être sur 400 m. Alors, si je peux gagner quelque chose à Athènes, ce serait génial... Mais bon, il faut déjà que je me qualifie. »
Laure a beau prôner la prudence et jouer les Guy Roux des bassins, personne n'est dupe. Vu son potentiel et sa marge de progression, la qualification olympique ne fait aucun doute, d'autant que ses dernières sorties effectuées avant les Championnats de France de Dunkerque - qui seront qualificatifs pour les J.O. d'Athènes- sont remarquables. Début février à Rennes, elle réalise dans le cadre de la Vittel Cup le doublé 800 m-1500 m. Premier enseignement : elle a désormais la « caisse » et l'endurance nécessaire pour enchaîner ces deux épreuves de demi-fond dans la même journée. Une semaine plus tard lors du meeting des Girondins de Bordeaux, elle passe un nouveau cap en grand bassin en mettant une claque à

son propre record de France du 400 m. 4'08"97 contre 4'10"68 : la miss vient de s'offrir une place de choix parmi l'élite mondiale. Second enseignement : « Elle fait maintenant partie des meilleures », comme le souligne Lucas lui-même. Avec ce chrono de valeur planétaire, Laure aurait d'ailleurs terminé cinquième de la finale du 400 m des derniers Championnats du monde. La fusée Manaudou est lancée. Plus personne ne va pouvoir l'arrêter.

Glisse repetita à Dunkerque

Douze mois déjà. Autant dire une éternité dans la vie tout en accéléré de Laure Manaudou. Il y a un an tout juste, la nageuse de Melun débarquait à Saint-Etienne « en touriste ». Presque incognito et sans pancarte de phénomène dans le dos. Avril 2004, autre temps, autre monde. Avec cinq titres de championne de France et quatre records nationaux améliorés, l'ado géniale a basculé dans une nouvelle dimension qu'elle n'a cessé, depuis, d'explorer sous toutes ses longueurs. Désormais, ses moindres performances sont auscultées, ses nouvelles expérimentations analysées, sa marge de progression décortiquée. En posant le pied à Dunkerque, Laure se sait donc attendue au tournant de ces nouveaux Championnats de France qualificatifs pour les Jeux Olympiques d'Athènes. « Je repense souvent à Saint-Etienne, confie-t-elle. J'en ai encore des frissons. C'est là que j'ai commencé à bien marcher, que j'ai commencé à être un tout petit peu connue. Les gens m'encourageaient, m'aidaient comme s'ils m'avaient déjà adoptée. C'est un excellent souvenir. » Mais dans son disque dur partiellement occupé, la mémoire vive ne demande qu'à être gavée de nouveaux exploits et comblée de nouvelles expériences. Ca tombe bien, Laure n'est pas venue dans le Nord pour jouer les touristes.

Comme pour mieux convaincre l'assistance, la boulimique dévoile son programme pour la huitaine à venir : « Je vais commencer par le relais 4x100 m pour me mettre dans le rythme, puis le 400 m, les 50 et 100 m dos, le 800 m, le 200 m 4 nages et peut-être le 200 m ». Du court, du long, du lourd : c'est « la Manaudou touch » qui commence à prendre forme. Mais comme pour mieux s'excuser de cette soif de victoires qui frise, sur le papier, l'indécence, Laure tient à préciser : « Vous savez, je n'ai pas changé. On me dit même que je suis toujours la même. Depuis un an, j'ai seulement mûri un peu plus vite au contact de filles de 24-25 ans, j'ai pris un peu plus de muscles, quelques centimètres (elle est passée de 1,77 à 1,80 m) et mes parents m'ont offert un chien, Youni. A part ça, je suis la même. »

Cet ultime rappel ne va pas forcément rassurer ses adversaires. Si elle dit vrai, cela signifie que son bilan de fin de championnats sera aussi monstrueux que le précédent. Or, dans l'intervalle, Laure a élevé son degré de performance, battu de nouveaux records et atteint sur certaines distances un niveau mondial. Dans ce contexte, ses opposantes peuvent craindre le pire et doivent s'attendre à payer une note qui s'annonce autrement plus salée.

Après un galop d'essai sans saveur avec ses copines du relais 4x100 m du CN Melun-Dammarie, Laure va ,le lendemain, éclabousser de toute sa classe, la piscine Paul Asseman de Dunkerque. Engagée sur 100 m dos et 400 m avec la pression du résultat sur les épaules, une réputation à défendre et un statut à confirmer, la nouvelle vedette de la natation française ne va pas se poser la moindre question. Dès les demi-finales du 100 m dos, la dossiste repentie va réaliser les minima pour les Jeux Olympiques et se rapprocher, un peu plus encore, du record de la spécialité toujours détenu par Roxana Maracineanu (1'01"23 contre 1'01"10). « Mais le dos, j'aime pas trop ça. », répète-t-elle inlassablement, comme s'il fallait sous-entendre qu'elle aurait pu nager bien plus vite encore avec un entraînement adapté.

Mais pas le temps de palabrer, car trois-quarts d'heure plus tard a déjà lieu la finale du 400 m. Un pari jugé osé en raison du mince temps de récupération dont elle dispose entre les deux épreuves, conformément au programme du jour établi par l'organisation. « Comme je suis bien entraînée, je savais que j'étais capable de vite récupérer et de réaliser derrière une bonne performance. » Et quelle perf ! Seule devant, telle une grande dame confrontée à ses responsabilités, Laure ne va pas se dégonfler. Elle va imposer son propre rythme aux cadors, et non l'inverse, comme on aurait légitimement pu le penser. Ridiculisée, donc, l'Anglaise Rebecca Cooke, médaillée mondiale sur 800 m l'été précédent à Barcelone, et dauphine de la Française sur cette course. Humiliée, dans sa ligne d'eau, la Costaricaine Claudia Poll, troisième au 400 m des Jeux Olympiques de Sydney, et rejetée ici également au troisième rang. Laurette n'a peur de rien, ni de personne. Encore moins de ce chronomètre qui affichera bientôt en chiffres majuscules : 4'8"72. Soit le nouveau record de France avec en prime, ce si convoité sésame pour les J.O. d'Athènes et la 4e performance mondiale de l'année.

« C'est tout de même une sélection olympique, jubile Lucas. C'est du beau boulot. Elle a bien géré ses courses et n'a pas fait d'erreurs de parcours. Chapeau ! » Avec un tel chrono, Laure se rapproche un peu plus encore du sommet mondial. Et de son rêve de gamine. Oui mais voilà, peut-elle le faire ? Peut-elle bousculer celles qui la devancent encore dans la hiérarchie planétaire ? Peut-elle surtout forcer le destin en seulement quatre mois, soit l'espace temps qui la sépare de son entrée en lice aux Jeux Olympiques ? A ces interrogations multiples, la Fédération Française de Natation, férue de données statistiques en tout genre, a son avis d'experte sur le sujet. Selon une étude très poussée parue quelques jours plus tôt dans les colonnes de sa publication officielle, *Natation Infos*, et réalisée par sa cellule de recherche, on peut lire : « Nous avons constaté que pour la plupart des nageuses de niveau mondial depuis 1990, il leur a fallu en moyenne trois à quatre années, à partir de leur entrée dans le bilan mondial, pour arriver à leur meilleur classement. De plus, la moyenne des finalistes du 400 m nage libre dames au cours des trois dernières compétitions internationales majeures (2000, 2001, 2003) a été successivement de 21 ans. Or, Laure Manaudou ne fêtera son dix-huitième anniversaire qu'après les JO d'Athènes (...) L'avenir de la jeune Française paraît donc prometteur, même si les Jeux d'Athènes risquent d'arriver un peu tôt. Mais elle aura 19 ans aux Championnats du monde de Montréal en 2005 et 22 ans aux Jeux Olympiques de Pékin. » Comme quoi, même les cerveaux de la natation tricolore n'avaient osé pronostiquer une telle fulgurance. Personne d'autre, d'ailleurs, pour être tout à fait honnête. Personne, sauf Laure et son entraîneur. « Je n'y vais pas pour terminer deuxième et troisième, lance-t-elle une nouvelle fois à la face du monde, comme pour mieux convaincre les derniers sceptiques. Je veux être championne olympique. »

Si le ticket pour l'exploit sur 400 m est bel et bien acquis, il lui faut impérativement terminer, le lendemain, dans les trois premières de la finale du 100 m dos pour valider définitivement cet autre billet. Mais avec Laure, on n'est jamais à l'abri d'une (bonne) surprise. Quand on s'attend à ce qu'elle n'ajoute qu'une nouvelle ligne à sa success story, l'« affamée » s'empresse de réécrire l'histoire de la natation. Plus qu'un esprit, c'est une force de la nature qui bouleverse tout sur son passage. Ainsi, non contente de confirmer sa qualification de la veille, l'élève de Lucas réalise le Grand Chelem sur la distance. A savoir titre de championne de France, nouveau record de France (1'00"64 contre 1'1'10) en lieu et place de… Roxana Maracineanu qui le détenait sans interruption depuis 1997, meilleure performance mondiale de l'année et neuvième performance mondiale de tous les temps ! Et puis, tant qu'à faire, Laure s'offre le scalp de l'Anglaise Kathy Sexton, championne du monde en titre du 200 dos, censée venue chercher en France quelques honnêtes sparring-partners pour s'étalonner. La voilà servie !

Mais qu'on ne s'y trompe pas. L'effet de surprise n'est pas total. Depuis plusieurs mois déjà, les nations majeures de la natation mondiale suivent avec intérêt et inquiétude l'irrésistible ascension de ce joyau made in France. A Dunkerque, un observateur ainsi qu'un cameraman de la délégation anglaise sont même chargés de suivre à la trace les moindres faits et gestes de Miss Manaudou, en compétition, comme en dehors des bassins (!), avant d'en faire un rapport détaillé auprès des responsables britanniques. Mais Laure s'en moque comme de son premier maillot de bain. « Je sens bien que même les étrangères m'observent, aujourd'hui, différemment. Je prends ça comme un point fort puisque ça me permet de progresser, de m'accrocher à elles. Comme ça, à Athènes, je connaîtrai déjà leur potentiel. »[15]

Décidément insatiable, Laure enfonce le clou de l'éclectisme en s'adjugeant, la même après-midi, un nouveau record de France en demi-finale du 200 m 4 nages. Et même si elle devra

céder, le lendemain en finale, le titre à l'Amiénoise Céline Cartiaux, l'une des rares nageuses qui peut se targuer d'avoir battu un jour Manaudou à la régulière, cette défaite n'a rien d'infamant puisque cette distance ne fait pas partie du domaine privé de la despote des flots.
« Quelle belle journée ! s'enthousiasme-t-elle. Difficile de faire mieux maintenant, même s'il me reste encore deux courses à nager, le 50 m dos et le 800 m. Je ne mesure pas vraiment ce que j'ai fait. Je ne pensais pas battre le record de France du 200 m 4 nages, surtout après avoir nagé la finale du 100 m dos, détaille-t-elle après sa journée bien remplie. J'ai vécu ma plus belle journée aux Championnats de France. Je ne réalise pas car je ne m'intéresse pas trop au dos mais plutôt au 400 m. Comme je n'aime pas trop le dos à l'entraînement, je ne vois pas, d'ailleurs, pourquoi je commencerai à en faire. Je sais que je peux faire mieux sur 400 m alors qu'au 100 m dos, au niveau français, voire européen, ça va mais aux Jeux, je ne sais pas. J'ai fait toute ma préparation en crawl, je ne vais pas changer du jour au lendemain parce que j'ai fait un bon temps en dos. A Athènes, je ne ferai donc pas le 100 m dos car c'est le même jour que le 400 m. »[16]

« Même s'il faut la driver un peu, il est important de lui laisser faire ce qu'elle veut. », répond en écho un Philippe Lucas qui, finalement, aura le dernier mot en coulisse. Dans ce couple désormais bien indissociable, si l'une incarne la fougue propre à la jeunesse conquérante, l'autre, malgré sa spontanéité et ses coups de sang légendaires, joue le rôle de modérateur et trouve toujours les arguments qu'il faut pour la ramener à la raison. Avec pour record de France un temps synonyme de meilleure performance mondiale de l'année, Laure a finale-

ment compris, grâce à son mentor, qu'elle avait peut-être une très belle carte à jouer sur 100 m dos. Et que laisser passer une telle occasion de s'illustrer relèverait du gâchis voire de l'inconscience. Alors banco ! D'abord aux Championnats d'Europe de Madrid qui ont lieu un mois plus tard, et ensuite très certainement aux Jeux, même si un léger suspense demeure.
Mais cette performance de très haut vol mérite des explications. Comment, en effet, une nageuse, qui ne cesse de répéter à longueurs d'interviewes que le 100 m dos n'est pas sa tasse de thé, peut-elle être en mesure de pointer en tête des bilans mondiaux ? A cette anomalie, Lucas a la réponse: « Laure n'aime pas le dos, ce n'est pas un scoop. Du coup...on ne le travaille pas à l'entraînement ! C'est donc tout ce qu'elle fait en crawl qui lui sert à améliorer son dos. Tout simplement. » Mais qu'on se le dise, si elle est capable de faire l'impasse sur le dos à l'entraînement et de réaliser, malgré tout, des miracles en compétition, cela tient du prodige. Comme si un coureur de 400 m plat pouvait mater, sans préparation particulière, tout son monde sur 110 m haies. Du jamais vu. Bref, Manaudou est hors normes.
Une fois n'est pas coutume. En ce cinquième jour de compétition, ce n'est pas Laure qui va monopoliser l'attention et faire de l'ombre aux autres, mais la Guyanaise Malia Metella qui efface des tablettes l'ancien record de France du 100 m détenu par Catherine Plewinski (54"73 contre 55"11). Qu'à cela ne tienne. Manaudou réalise tout de même le minimum syndical en remportant sur 50 m dos son troisième titre national de cette cuvée 2004. Et son troisième consécutif sur la distance. Encore et encore.
Encore, aussi, cette nouvelle défaite de Roxana Maracineanu,

loin derrière elle. Ce qui n'enchante pas forcément la petite fan qui sommeille toujours en Laure. Depuis son arrivée fracassante sur le devant de la scène aquatique, la nouvelle tête de gondole de la natation bleu-blanc-rouge a éclipsé l'ancienne figure de proue qui peine à conserver toute sa superbe. Pire, les relations entre les deux nageuses, qui auraient pu devenir étroites, filiales voire fusionnelles, se sont inexorablement distendues. En d'autres termes, la championne confirmée et son héritière s'ignorent royalement alors que tout aurait pu les réunir. « Roxana ne me parle pas », confie alors une Laure que l'on découvre sous un nouveau jour. Sensible et visiblement un peu peinée. Avant de poursuivre : « Plein de monde me parle, mais pas les filles que j'ai battues. Si Roxana se qualifiait pour les Jeux Olympiques, ça ferait une fille en plus et peut-être qu'on pourrait se parler, apprendre à se connaître et, si elle veut, me donner des conseils… J'aimerais bien… »[17]

L'appel du pied sera sans lendemain. D'abord, parce qu'il n'est jamais revenu aux oreilles de la principale concernée, ensuite, parce que « Roxy » ne parviendra jamais à se qualifier pour les Jeux d'Athènes. Et pourtant, ces deux femmes d'exception auront une occasion en or de rectifier le tir. De tenter l'approche, sympathiser, se dévoiler et s'ouvrir enfin l'une à l'autre. En vain. Réunies pour la seule et unique fois en équipe de France à l'occasion des Championnats d'Europe de Madrid, Laure et Roxana vaqueront chacune de leur côté à leurs occupations. Trop occupées par la délicate gestion de leurs propres affaires courantes. Dommage, vraiment dommage.

Mais plutôt que de refaire l'histoire, il convient d'achever celle qui est en cours. Et sur 800 m, ultime sortie programmée à ces Championnats de France de Dunkerque, Laure va de nouveau faire le métier. En patronne. En 8'31"21, elle remporte sa quatrième couronne nationale, améliore son quatrième record de France de la semaine, réalise le troisième temps mondial de l'année et se qualifie sur une troisième distance pour les Jeux Olympiques d'Athènes. Avec elle, les superlatifs ne suffisent plus. Il faut commencer à piocher dans le dictionnaire des synonymes.

Neuf titres de championne de France et huit records nationaux améliorés en l'espace de deux éditions : Laure Manaudou confirme qu'elle est bel et bien la nouvelle reine de France. Après une telle razzia qui frôle le cannibalisme, le quotidien *France Soir* va lui trouver un surnom qui lui colle, aujourd'hui encore, parfaitement à la peau : « la moissonneuse-nageuse ». Autrement dit celle qui rafle tout et qui ne laisse que des miettes à ses adversaires. Mais les qualificatifs de « collectionneuse », « cumularde » voire de « piranha des bassins » lui auraient également sied à merveille.

Si Laure assoit sa suprématie sur un maximum d'épreuves, elle occupe également la première place au hit-parade de la popularité. Suivie comme son ombre à Dunkerque par une grappe de nageurs en culotte courte qui n'a d'yeux que pour elle, Laure découvre le versant ombré de la notoriété. « A chaque fois que je montais sur le podium, c'était de la folie, raconte-t-elle. Il y avait plein de petits qui criaient mon prénom et qui voulaient une dédicace. C'est agréable, mais j'aimerais que les gens réalisent que je ne peux pas répondre à tout, surtout en compétition. Tous ces petits qui viennent demander des autographes, je ne vais pas dire que c'est chiant, car moi j'étais comme eux avant. Mais bon… J'essaye donc toujours de leur faire plaisir en signant un autographe mais il arrive un moment où j'ai besoin de calme. Ce n'est pas toujours facile à comprendre pour les gens. »

Ce qui l'est bien plus, en revanche, c'est que Laure est dans une forme ascendante à l'abord de la dernière ligne droite qui doit la mener jusqu'aux J.O. Cet état de forme, la nouvelle égérie de la France qui nage peut encore l'améliorer, la décupler, la booster… à condition de continuer à cravacher à l'entraînement. Car Laure a cette faculté innée d'assimiler à la vitesse grand V les charges de travail que lui inflige Lucas. Une semaine de dur labeur pour Laure correspond, en effet, à deux semaines chez un quidam, tant son organisme est taillé voire blindé contre les cadences infernales.

Cinq jours après la fin des Championnats de France de Dunkerque, on retrouve donc Laure sur le plot départ… d'un 5 km indoor ! Après le passage du sprint au demi-fond et l'alternance conjuguée de la nage libre et du dos, Philippe Lucas pousse le bouchon de la diversification encore plus loin en l'invitant à s'aligner sur une épreuve de fond. Le choix a beau surprendre, il s'avère, en réalité, particulièrement judicieux. Dans un souci de consolidation des acquis et de renforcement physiologique, le technicien souhaite la voir nager une heure durant dans des conditions de compétition. Et que croyez-vous qu'il arriva ? Eh ! bien Laure, une fois encore, fut exacte au rendez-vous. Dans son bassin fétiche de Melun, dont elle commence à connaître par cœur les moindres carreaux de céramique, Laure dégomme toutes les spécialistes de la distance. En 58'15"03, elle s'impose et remporte un nouveau titre de championne de France puisque cette épreuve servait de support à l'attribution du titre national. Et tant qu'à faire, elle améliore par la même occasion la meilleure performance française de la distance. Vous avez dit irrésistible ?

La conversion à l'Euro

Le calendrier international recèle parfois d'incongruités qui font désordre. Organiser des Championnats d'Europe de natation en pleine année olympique en est l'un des plus beaux échantillons. A cent jours exactement du rendez-vous quadriennal, tous les nageurs de la planète ont, en effet, déjà le corps, l'esprit et l'énergie tournés vers les J.O. C'est la mobilisation générale et la concentration terminale pour tous… sauf pour les Européens, à qui l'on demande de choisir entre un sommet continental et un supplément d'entraînement à haute dose. Mais pour une fois, le hasard de l'agenda va plutôt bien servir les Français. Placés quinze jours après leurs Championnats de France, ces Championnats d'Europe tombent à pic pour l'élite tricolore qui n'a pas vraiment eu besoin d'agiter ses méninges et de bouleverser sa planification. A Madrid, les Bleus auront la chance de surfer sur leur état de forme affiché à Dunkerque.

Pour honorer cette compétition, tous les cadors de la natation française seront donc de sortie, contrairement à bon nombre de caïds européens qui ont préféré rester au bercail pour enquiller des bornes, des bornes et encore des bornes à l'entraînement. Quand ce ne sont pas des délégations entières, comme celle d'Allemagne ou d'Angleterre, qui ont purement et simplement fait l'impasse sur cette étape espagnole.

Sur les listes de départ, beaucoup d'absents, donc, pour une « compétition de travail » particulièrement dévalorisée. Mais comme toujours dans ces cas-là, les absents ont tort tandis que s'offrent à ceux qui ont fait le déplacement une occasion peut-être en or de croquer une médaille, d'ouvrir un palmarès ou de se faire un nom. Laure est un peu dans ce cas de figure. Terreur des bassins en son royaume de France, c'est une reine encore sans couronne au plan international. Jamais nantie d'un titre continental ou mondial dans la cour des grands, notre trésor national reste encore un mystère hors de ses frontières. Tout au plus un épouvantail de service qui peut brouiller les cartes à Athènes.

Le décor est planté. Les XXVIIes Championnats d'Europe peuvent débuter. Pour Laure, ces « Euro » vont marquer un vrai tournant sous les couleurs de l'équipe de France. Après être montée elle-même au créneau et avoir prêché pour ses intérêts sportifs auprès des dirigeants de la Fédération Française de Natation, l'obstinée a fini par obtenir gain de cause : Philippe Lucas sera bien présent à ses côtés à Madrid. Après être resté sur la touche à Barcelone puis à Vienne, le père spirituel de la nageuse d'Ambérieu est intégré au collectif national sous l'étiquette d'entraîneur associé. Une présence ô combien désirée et capitale pour Laure qui va pouvoir aborder la compétition sous un nouvel angle.

Pour l'ensemble de l'équipe de France, c'est également un tournant dans ses relations au quotidien avec Laure. Si du sang neuf y a été injecté avec, notamment, l'arrivée en son sein de jeunes issus de la génération Manaudou comme Amaury Leveaux, Fabien Horth, Fabien Gilot, Alexandra Putra ou encore Laurie Thomassin, tous anciens partenaires de la sélection nationale juniors, Laure va passer le plus clair de son

temps flanquée de son « garde du corps ». « Lucas ne la lâchait pas d'une semelle, raconte cette nageuse de l'équipe de France qui n'a pas souhaité que son identité soit dévoilée. Il lui disait ce qu'elle devait faire, la préservait un maximum. Quand elle répondait aux questions de la presse, c'était toujours en sa présence. Parfois, c'était même lui qui allait répondre à sa place. C'était un peu verrouillé. Et même si on sentait Laure un peu plus à l'aise, elle restait toujours dans son coin. Toujours avec ce côté fermé, réservé et introverti. »
C'est précisément à Madrid que le couple entraîneur-entraînée, dont tous les observateurs avisés vantaient jusqu'ici l'association purement sportive, va devenir aux yeux du monde un binôme indissociable, loué par certains, décrié par d'autres, pour la solidité de son ciment. L'un ne va et ne peut fonctionner sans l'autre. Quand l'un s'avance, l'autre n'est jamais très loin dans les parages. Quand l'un parle, l'autre l'écoute religieusement. Et inversement. En tout cas, de mémoire de suiveurs, on n'avait jamais vu pareil attelage en équipe de France.
« Même si tout s'était bien passé à Barcelone avec Laure, on sentait le besoin pressent de Laure et de Philippe de se retrouver ensemble afin de réaliser leur projet commun, raconte Patricia Quint, entraîneur national en charge de l'équipe de France féminine. C'était une étape dans la vie de Laure. Elle était jeune et elle avait besoin de Philippe pour être managée et encadrée, parfois sévèrement. Elle avait besoin de lui pour réaliser au quotidien comme en compétition les challenges difficiles qu'elle s'était fixée. Du coup, tous deux se sont un peu repliés sur eux-mêmes même si je tiens à préciser que moi, à titre personnel, je n'ai jamais eu le moindre problème d'entente avec eux. C'est simplement que Philippe avait son système et sa propre manière de fonctionner. C'est un solitaire qui ne

veux pas se disperser et que sa protégée ne se disperse pas non plus. »
Si pour Patricia Quint, l'intrusion de ce fin duo dans l'équipe n'a jamais posé de problème majeur, ou tout du moins insurmontable, il n'en sera pas de même pour d'autres, à commencer par Francis Luyce, le président de la FFN. « Peut-être suis-je trop sentimental mais moi, je souffrais de considérer deux parties au sein de cette équipe de France. Avec d'un côté ceux qui ignorent la vie fédérale, et ceux qui la vivent pleinement. Il n'y avait pas de communication, bien que je fasse tout pour qu'il y en ait. Il y avait un blocage complet à la relation. Par exemple, avant le début des épreuves, le Directeur Technique National (DTN) réunit toujours l'ensemble de l'équipe de France pour motiver ses « troupes ». Et bien là, force est de constater que Laure n'était jamais présente. Pareil dans les hôtels où notre équipe descendait. Quand je la croisais dans les couloirs, et même si ce n'était pas méchant de sa part, elle nous ignorait. C'était inexplicable et insupportable à l'égard de l'ensemble de l'équipe de France qui était, elle, bien présente et solidaire. C'était d'autant plus incompréhensible que je n'ai jamais dit de mal de Philippe. Au contraire, puisque j'ai toujours considéré la qualité de son travail et que c'est même moi qui l'ai défendu quand il a fallu régler les problèmes de cohabitation avec certains afin qu'il puisse faire partie intégrante de l'équipe de France. Trois ans plus tard, nous en avons discuté avec Laure. Elle m'a avoué qu'elle n'avait jamais rien eu à nous reprocher et qu'elle était bien consciente d'avoir diabolisé pendant toutes ces années la Fédération dans son ensemble… »
En attendant que le fossé ne cesse de se creuser au fil des ans, Laure attaque donc ces Championnats d'Europe de Madrid dans les meilleures dispositions. La forme est là, son pilier

d'entraîneur aussi et dans l'air, ça fleure de plus en plus bon les Jeux Olympiques. Avec un groupe élargi à 27 unités et une ambiance, de surcroît, conviviale et bon enfant, cette compétition continentale s'annonce sous les meilleurs auspices. Mieux, on y découvre une Laure libérée, plus femme, moins enfant, avec toutefois cette part de mystère et de réserve qui lui sont propres. Ainsi, face aux anciens qui la tétanisaient hier, elle ne perd plus une partie de ses moyens. « Je ne suis plus la petite fille émerveillée devant une star, confie-t-elle, notamment, au sujet de Franck Esposito, capitaine de route et monument admiré de la natation française. Maintenant, je le regarde plus comme un copain que comme un nageur exceptionnel. Mais je l'admire toujours. »

Dès le premier jour de compétition, les relais français donnent le ton. Respectivement en or et en bronze, les 4x100 m féminin et masculin font parler du pays. Et la tendance ne va jamais s'inverser puisque une à quatre médailles viendront, presque quotidiennement, garnir la salle de trophées des nageurs tricolores. Bien évidemment, Laure va apporter sa pierre à l'édifice. Engagée sur 100 m dos avec, pour chrono personnel, la meilleure performance mondiale de l'année, la sociétaire du CN Melun-Dammarie se qualifie aisément pour la finale en réalisant le meilleur temps des séries puis des demi-finales. Même si elle ne s'est toujours pas prise d'affection pour cette « nage retournée », Laure a bien voulu, pour une fois, jouer le jeu et travailler spécifiquement le dos à l'entraînement au cours des quinze jours qui ont précédé ces Championnats d'Europe. Et le travail va payer.

Le 14 mai, Miss France devient Miss Europe. « Manaudou change d'ère », titre *France-Soir*. Trente-huit ans après une certaine Christine alias « Kiki » Caron, délicieuse petite fiancée de la France qui se hissait sur la plus haute marche européenne du 100 m dos, Laure Manaudou lui succède en inaugurant son palmarès international. La première ligne d'un nouveau chapitre qui ne va cesser d'enfler au fil du temps. En 1'00"93, l'ancienne championne d'Europe juniors du 100 m dos devance son ancienne dauphine continentale à l'étage inférieur, la fameuse Komarova. Vous savez, cette ennemie jurée dont les regards échangés sont aussi aimables qu'une rafale de Kalachnikov ! Retournée comme une crêpe il y a deux ans en Autriche, la Russe a droit au même sort en Espagne. Avec, en plus, près d'une seconde dans la vue ! « Déjà, dans la chambre d'appel, c'était un peu tendu, raconte la Française. Non seulement, il y avait Komarova, mais aussi d'autres étrangères qui ne m'aiment pas. Même si je ne fais pas attention à elles, ça m'a motivé car j'ai surtout vu dans leur regard qu'elles se méfiaient toutes de moi. Même si je ne suis pas partie aussi vite que je l'espérais, j'ai réussi à accélérer comme je voulais ensuite. » Résultat : de l'or au bout des doigts et des félicitations inattendues de la part de Komarova au pied du podium ! De là à partir ensemble en vacances…

Si ce titre est une affaire pliée, la question de sa participation aux Jeux sur cette distance n'est toujours pas réglée. Laure hésite encore. « Je ne sais pas, souffle-t-elle. J'arrête pas de me prendre la tête avec ça. En plus, tout le monde me pose la question. Je trouve que c'est un pari risqué. Pour moi, le dos, c'est juste un supplément. » D'un non catégorique lâché trois semaines auparavant à Dunkerque, Laure décide de s'accorder un ultime délai de réflexion. Par goût du jeu et désir de brouiller les pistes car, non seulement, elle finira par se jeter à l'eau, mais surtout, sa décision était prise depuis la fin des

Championnats de France ! « Je préférais le garder pour moi. C'était marrant de faire durer le suspense et faire attendre tout le monde, dévoilera-t-elle peu de temps après cette compétition, rictus en coin et pas mécontente de ce coup qui ne manque pas d'effet. C'est dur, mais je me sens capable de la faire. Ca a bien marché à Dunkerque et à Madrid. Alors je ne vois pas pourquoi ça ne marcherait pas aux Jeux. Et puis, je suis une fille de défis. J'ai besoin de relever des challenges et qu'on me demande de réaliser des chronos. »

Cette motivation deux en un, Laure va la trouver au cours du dernier jour de compétition, en s'attaquant à un défi taillé à sa mesure et en y mettant l'or et la manière. 18h16. Laure est au départ de la finale du 400 m, son terrain de prédilection. A ses côtés, deux spécimen du gotha mondial, accessoirement championnes olympiques en titre : la Roumaine Camelia Potec, sacrée la veille championne d'Europe du 200 m, et l'Ukrainienne Yana Klochkova, championne d'Europe, elle, du 200 et 400 m 4 nages. Mais il en faut plus pour stresser Laure. Et plus l'opposition est relevée, plus l'effrontée est stimulée ! Alors Laure va partir tambour battant, prenant la tête des opérations dès le premier 50 mètres. Ce schéma de course laisse apparaître un début de style qui deviendra très vite sa marque de fabrique qu'elle reproduira à chacune de ses futures sorties sur 400 m. A savoir un départ canon, une prise de responsabilité totale, puis un cavalier seul jusqu'à l'arrivée.

18h20. A l'issue des huit longueurs, un chrono qui permet d'entretenir les rêves les plus fous : 4'07"90, soit le nouveau record de France, la troisième meilleure performance mondiale de l'année et la dixième place au rang des meilleures performeuses européennes de tous les temps. « Il n'y a rien à dire, c'est une très belle performance, racontera plus tard Philippe

Lucas. Ce que m'a marqué, c'est son regard sur le plot de départ du 400 m, comme du 100 m dos d'ailleurs. Elle avait des choses à prouver. C'était une autre fille. » Autrement dit une championne olympique en puissance, décomplexée, sûre de son fait, pour ne pas dire culottée et déterminée à envoyer un message fort au reste du monde. A 17 ans seulement, faut-il le rappeler. « Laure est une championne olympique en puissance, poursuit Claude Fauquet, le DTN. Dès cet été à Athènes, elle peut décrocher l'or. C'est une compétitrice ultra performante qui a prouvé qu'elle maîtrise tout. » Mais la représentation est loin d'être terminée.
18h31. Laure tient sa place au sein du relais 4x100 m 4 nages. C'est même elle, redevenue dossiste, qui doit lancer la fusée tricolore à quatre étages. La mise sur orbite est parfaite, digne de la patronne qu'elle est. Grâce à elle, la France vire en tête et ne quittera plus cette position de pointe. Nouveau show, nouveau titre, nouvelle breloque. C'est fête nationale française à Madrid Des médailles comme s'il en pleuvait. Des chronos de pointure mondiale. Des relais qui surfent sur la bonne vague. Une nouvelle génération plus que parfaite qui fait son nid. Deux drôles de dames (Laure, bien sûr, et Malia Metella, quatre fois médaillée et trois fois titrées) qui font leur loi. Ajoutez à cela des perfs et de l'allégresse, et vous obtiendrez le résumé de l'incroyable semaine ibérique vécue par la délégation tricolore. Au final, ces Bleus sans peur et sans reproches ramènent dans leurs valises quinze médailles et cinq titres. Un bilan jamais atteint à ce stade de la compétition. Pour Laure, ce sera trois couronnes du plus beau des métaux. Pour une entame de palmarès international, on a connu pires débuts. « Je ne sais pas quoi dire, je ne sais pas comment j'ai fait. C'est la plus journée la plus émouvante de toute ma carrière sportive ! », déclare-t-elle dans

l'urgence. Car sa folle journée, ou plutôt son contre-la-montre est loin d'être achevée.
18h52. Laure enchaîne à sept minutes d'intervalle les podiums protocolaires du 400 m et du 4x100 m 4 nages. Avant de sauter dans un taxi direction l'aéroport local pour un vol direct vers Paris fixé à 20h20 ! La raison d'un tel empressement qui a tout de la fuite organisée ? La reprise de l'entraînement intensif planifiée par Philippe Lucas dès le lendemain matin, à l'aube, loin des flonflons espagnols, dans la piscine de Melun ! A ce rythme-là et par le biais de cet instantané qui n'a rien d'anecdotique, on comprend mieux pourquoi les adversaires de Laure ne seront bientôt définitivement plus en mesure de suivre sa cadence. Vous avez dit phénoménale ?
Du premier ministre de l'époque, Jean-Pierre Raffarin, au ministre des Sports, Jean-François Lamour, en passant par Dominique Laurent, directrice des Sports, chacun y va de son message personnel de félicitations. Car la razzia n'a échappé à personne. Dans la dynamique de son succès, plus que dans son attitude (« ce n'est pas un leader dans l'âme », dixit Lucas), Laure a entraîné dans son sillage toute une nouvelle génération qui ne doute de rien. Et qui semble déterminée, sans forfanterie ni insolence (quoique…), à prendre les choses en main afin d'assurer la reprise d'un flambeau bientôt laissé vacant par Franck Esposito et Roxana Maracineanu. Développé au début des années 1990 par Marie-José Pérec, le concept de la France qui gagne commence à faire son chemin. Même dans des eaux où l'on est censé perdre pied. Avec Laure, mais aussi Malia Metella, qui a éclaboussé ces Championnats d'Europe de tout son talent et une poignée d'autres nageurs aux dents longues, les motifs d'espoir sont multiples et ne se limitent plus à deux figures de proue. Un nouvel esprit souffle sur la natation fran-

çaise.
« Même s'il est hors de question de sombrer dans le triomphalisme avant les J.O., le bilan est tout de même encourageant, analyse Lucien Lacoste, directeur des équipes de France. On a goûté aux victoires, aux médailles et à la réussite, et ça fait du bien. Certains de nos nageurs, comme Laure, par exemple, ont montré un niveau de performance très intéressant. D'autres ont prouvé qu'ils commençaient à bien se positionner chez les seniors. Et tous, je l'espère, ont pris conscience qu'ils avaient des bras et des jambes comme tous les autres nageurs. Et qu'avec du travail et de la confiance, on peut y arriver. »
Cette confiance, Laure va justement s'efforcer d'en emmagasiner un maximum au cours des onze dernières semaines de travail qu'il lui reste. Après une mini-pause d'à peine huit jours accordée par Lucas afin de recharger ses batteries et de s'aérer l'esprit, la triple championne d'Europe est déjà de retour début juin sur le devant de la scène, à l'occasion du traditionnel meeting de Canet-en-Roussillon. Engagée sur 800 m, l'insatiable nageuse va une fois de plus faire des étincelles. Avec un chrono de 8'28"91, elle rabote près de trois secondes à son propre record de France (son seizième en grand bassin, déjà !) et s'empare de la troisième performance mondiale de l'année. Elle prouve également que pour s'imposer, il ne suffit pas d'appuyer sans réfléchir sur le champignon. Pour la première fois au plus haut niveau, Laure va faire preuve d'une épatante maîtrise tactique en nageant en « negative split », c'est-à-dire la seconde moitié de course plus vite que la première. Cette parfaite gestion de l'effort, seuls les sportifs chevronnés sont capables de l'appliquer. Le doute n'est plus permis. Laure est vraiment de la race des champions. « Même quand je fais un petit meeting, je veux toujours faire un bon temps, raconte-t-elle, tout sourire

à sa sortie de l'eau. Or, si je suis prête dans la tête, souvent le reste suit… Comme je ne supporte pas qu'une autre nageuse soit contente à ma place et que je voulais absolument battre Potec, j'ai accéléré jusqu'à ce que je ne puisse plus ! A vrai dire, je ne pensais pas battre un nouveau record de France. En fait, je vais vous dire la vérité, ce sont les 320 euros de récompense aux vainqueurs qui m'ont motivée ! Dans les derniers cinquante mètres, j'y ai pensé. C'est bien, je vais pouvoir faire les soldes ! »[16]

Malheureusement, quelques dizaines de minutes plus tard, l'appât du gain lui sera bien dérisoire face à la grosse fatigue. Intouchable sur 800 m, Laure est à bout de souffle sur 100 m dos. Comme vidée de toute substance énergétique et lessivée par tant d'efforts, elle laisse filer la victoire et un peu de sa fierté en terminant quatrième.

Ce couac, totalement inhabituel chez elle, Manaudou va en connaître une seconde fois. Neuf jours après son coup de bambou catalan, elle prend de nouveau une claque lors du meeting des Sept collines à Rome. Cette fois-ci, la contre-performance est plus difficile à avaler car elle la subit sur 400 m. Face à de futures rivales olympiques, elle réalise un indigne 22e temps des séries, à plus de quinze secondes de son record de France ! Mais pas la peine de tirer la sonnette d'alarme pour autant. A maintenant deux mois des Jeux, Laure est toujours en pleine préparation, à raison de plus de 15 kilomètres par jour. Alors, meeting de réglage ou pas, pas question de relâcher ses efforts à l'entraînement. Et quitte à craquer en course, l'essentiel est de continuer à cravacher comme une bête à l'entraînement. « La principale qualité de Philippe Lucas, c'est sans doute de savoir faire mieux bosser que d'autres entraîneurs, observe Claude Fauquet, le DTN. Car amener quelqu'un à nager de tels volumes à l'entraînement, n'est pas donné à tout le monde. Il ne faut pas faire de sentiment, sinon ça casse à un moment donné. »

Sous ses faux airs d'as de la torture, Lucas sait, en effet, parfaitement ce qu'il fait avec son joyau. De la préparation intensive au pic de forme, en passant par la montée en puissance et la phase de régénération, l'entraîneur de Melun connaît cet enchaînement sur le bout des doigts. On peut donc compter sur lui pour amener Laure au top de sa forme à Athènes.

Une semaine plus tard, on retrouve d'ailleurs une Laure conquérante et pleine d'allant dans la piscine mulhousienne de l'Illberg, à l'occasion de la huitième édition de la finale de la Vittel Cup. Insatiable dans sa quête de performance en demi-fond, elle améliore son record de France du 1500 m (16'28"66 contre 16'34"14), avant de s'imposer sur 400 m ou 100 m dos. Les supporters français sont rassurés. La grande faiblarde se porte comme un charme.

De l'énergie et la volonté, il lui en faudra au cours de l'ultime stage de préparation qu'elle va effectuer un mois durant à Canet-en-Roussillon. A la dure, comme d'habitude, à raison de 92 kilomètres hebdomadaires. Et avant de rejoindre enfin l'équipe de France début août à Aix-les-Bains pour le rassemblement olympique, Laure effectue un inattendu détour à Mennecy pour prendre part aux Championnats de France…cadets-juniors ! Pensez donc ! Une future championne olympique qui barbotte sur 200 m avec des minots ! Il faut le voir pour le croire. Mais inconsciemment, l'occasion était peut-être trop belle pour elle d'évoluer une dernière fois au milieu de jeunes pousses qui lui sont proches, avant que le monde des adultes ne l'arrache définitivement à sa vie de demoiselle presque peinarde.

Mercredi 4 août. Laure rejoint le reste du team France à Aix-les-Bains. L'équipe tricolore de natation course est au grand complet. Ce débarquement en Savoie marque le début officiel d'une aventure olympique que tous espèrent intense, transcendante et mémorable. Selon le potentiel et le degré d'ambition de chacun. Sans plus attendre, les 22 sélectionnés vont connaître leur premier grand frisson lors de la distribution du paquetage olympique. Ce grand sac qui renferme toutes les tenues officielles d'échauffement, de sportswear, de détente, de compétition et de représentation frappées des anneaux olympiques, revêt une valeur inestimable pour tout sportif de haut niveau qui se respecte. Palper le contenu, l'ausculter sous toutes ses coutures puis, l'essayer comme un gosse qui étrenne sa tenue de communiant, c'est prendre la mesure du chemin parcouru. D'une certaine manière, c'est aussi boucler une première boucle tant l'échéance olympique représente pour la plupart une forme d'aboutissement sportif. Ils en ont rêvé, ils y sont parvenus. L'instant est aussi symbolique qu'émouvant.
Mais Laure et ses partenaires n'ont pas fait le déplacement jusqu'au nord des Alpes pour y effectuer un simple défilé de mode. Ce court séjour doit permettre aux forces vives de la natation tricolores de refaire du jus, comme on dit dans le jargon, répéter ses gammes, retrouver les automatismes, travailler les départs, les virages ainsi que les passages de témoins pour tous ceux qui sont engagés en relais. Lucile Duchateau, cette ancienne internationale juniors qui a vu Laure grandir au fil des Championnats de France, assiste pour la première fois à l'entraînement du phénomène. Et n'en croit pas ses yeux. « Je la savais super forte mais là, quand j'ai pu apprécier sa vitesse à l'entraînement, j'étais bluffée. C'était comme dans un rêve. »

Si ce rassemblement est l'occasion d'effectuer les ultimes réglages, il permet aussi aux medias d'approcher au plus près cette équipe de France ambitieuse et cette Manaudou pleine de mordant. Laure est particulièrement sollicitée. Entre deux séances photos, elle répond aimablement aux questions. L'humeur est badine, le sourire fripon. Le discours, lui, se veut beaucoup plus policé dès qu'il s'agit d'évoquer ses ambitions olympiques. Contre toute attente, la benjamine du groupe de France la joue plutôt profil bas. Après avoir clamé des années durant qu'elle deviendrait championne olympique, elle fait preuve, cette fois-ci, d'une inattendue sagesse.

« Au début, explique-t-elle, me qualifier pour les Jeux était un rêve. Quelque chose d'exceptionnel. Ensuite, je me suis dit que je ne pouvais pas me contenter de faire de la figuration en séries. Que je devais aller plus loin. Il me faudra donc nager vite le matin pour espérer entrer déjà en finale. De préférence sur 400 m, même si je peux peut-être faire aussi un truc sur 800 m. Une fois en finale, je vais devoir bien placer. Mais malgré l'expérience que j'ai acquise aux Championnats du monde et les résultats que j'ai obtenus aux Europe, ça n'aura rien à voir. D'autant qu'à Madrid, il manquait de grandes nageuses qui sont encore devant moi. Je sais que ce sera grand, qu'il y aura du monde et que ça nagera vite. Mais je suis plutôt zen. Je pense que j'ai fait à l'entraînement tout ce qu'il fallait faire. J'espère arriver en forme au bout moment. »

Mardi 10 août. A trois jours de la cérémonie d'ouverture des XXVes Jeux Olympiques d'été, l'équipe de France de natation s'envole enfin pour Athènes. Pour Laure Manaudou, c'est l'amorce de la ruée vers l'or.

Quand le rêve devient réalité

« J'ai fait un rêve. J'ai imaginé une scène qui n'a encore jamais existé. Je me voyais toucher la plaque à l'arrivée. Puis je me retournais vers le tableau d'affichage et je voyais inscrit à côté de mon nom le 1er temps. Me voir première, je n'imagine même pas l'émotion. Je crois bien que je ne réaliserai pas. Mais une fois sur le podium avec la Roumaine Potec à mes côtés, je pense que je me mettrai à pleurer… »

Jointe au téléphone quelques jours avant son entrée en lice, Laure se laisse aller à confier ce rêve en pointillés qui matérialise, en réalité, le fil rouge de sa vie. Simple délire d'enfant quand elle évoque pour la première fois le sujet dès l'âge de 11 ans, ce fantasme va virer à la quête obsessionnelle au gré du temps, des bouquets, des succès, des records, des prodiges. Au point de revenir, aujourd'hui, hautement envisageable. Mais à vrai dire, le petit monde de la natation s'interroge. A 17 ans, Laure a, certes, tout d'une grande mais à bien y réfléchir, elle est peut-être un peu trop jeune et trop inexpérimentée pour décrocher le titre suprême, ne serait-ce que pour supporter la colossale pression du plus grand événement sportif de la planète. Alors, attendons de voir, plutôt que d'y croire mordicus. De son côté, Laure n'a pas encore basculé dans la compétition. Pour le moment, elle se contente de découvrir le village olympique, de prendre ses marques dans l'un des quatre appartements qu'occupe l'équipe de France de natation, en compagnie de l'autre mineure de la bande, la Toulousaine Alexandra

Putra, et de la responsable du plongeon, Monique Meyer. En attendant d'espérer croiser des athlètes comme Eunice Barber, Muriel Hurtis et les autres filles du relais 4x100m qu'elle apprécie tout particulièrement, elle fait la connaissance au Club France -qui n'est autre que le quartier général de l'ensemble de la délégation tricolore- de Marie-José Pérec, David Douillet ou encore Jackson Richardson. Et puis, elle observe en détail et teste la piscine du centre aquatique de Maroussi situé en plein cœur du complexe olympique Oaka. « C'est grandiose, s'extasie-t-elle. Mais la piscine olympique ne m'impressionne pas plus que cela. Ca tombe bien parce que je n'avais pas l'intention de venir à Athènes pour jouer les spectatrices. Je suis dans la peau de quelqu'un qui veut gagner. Avant, c'était un rêve. Maintenant, c'est un but. »
Dimanche 15 août. Deuxième jour de compétition. Depuis quarante-huit heures, Manaudou gamberge. Son épaule droite, qui deviendra son talon d'Achille, au fil des saisons, est douloureuse et l'empêche d'aborder sereinement la compétition. Le sommeil s'en trouve quelque peu perturbé, mais pas question de dramatiser ou de tout se gâcher, malgré quelques pleurs la veille au soir lorsqu'elle confiera par téléphone ses angoisses à Julien Fort, son petit ami de l'époque resté en France. Après la France où elle n'a cessé d'empiler titres et records depuis deux ans, puis l'Europe qui a élargi les frontières de ses ambitions, la surdouée de la natation française se présente enfin au pied de cet Olympe qui a tout d'un Everest. Pour le repos dominical, il faudra repasser car pour une entrée en matière, elle a droit à un programme dantesque avec les séries du 100 m dos et du 400 m le matin et, le soir, si la force veut bien être en elle, la demi-finale du 100 m dos puis la grande finale tant attendue du 400 m à une heure et quart d'intervalle. Un vrai

bizutage en règle, en somme. « Mais ça ne me fait pas peur, affirme-t-elle. C'est le même enchaînement qu'aux Championnats de France sauf que cette fois, ce sera un peu plus relevé ! » Info ? Intox ? Avec elle, on en vient à perdre son grec tant elle a ce don d'affirmer ses ambitions avec aplomb. Coquette jusqu'au bord du bassin, Laure s'est faite belle pour cette grande occasion. Si le piercing au nombril est soigneusement caché sous sa combinaison de natation noire, l'éclat de strass collé sur l'une de ses canines ainsi que ses ongles vernis aux couleurs du drapeau tricolore font leur effet. On la savait jeune et jolie, on la découvre soucieuse du détail et attentive à son look. Et puis, il y a cette empreinte indélébile qui va faire le tour du monde. Ce fameux papillon vert et bleu, tatoué sur son épaule droite, que l'échancrure de sa combinaison pour hommes (elle ne nage qu'avec les modèles réservés aux garçons car elle les trouve mieux gainés, moins échancrés, mieux conçus avec la fermeture éclair dans le dos et plus légères au niveau des jambes) met parfaitement en évidence.
Pour le premier plongeon olympique de sa jeune carrière qui a tout d'un piège en eau claire, Laure passe aisément le « crash test ». Dans une atmosphère matinale déjà baignée par la chaleur sèche, elle réalise le meilleur temps des séries du 100 m dos (1'01"27). Quelques instants plus tard, elle se montre exacte à son premier rendez-vous en négociant sans encombre l'enchaînement 100 m dos-400 m. Sur cette dernière distance, elle va baisser d'emblée son record de France (4'06"76) et s'adjuger, là aussi, le meilleur temps des engagées. Une Française qui monopolise les têtes de séries de deux courses olympiques, c'est déjà du jamais vu dans tout l'histoire de la natation tricolore. Désormais, c'est une certitude : Laure ne se cache pas et s'annonce comme l'une des grandes favorites des deux épreuves.

« J'ai pas forcé. », se permet-elle même de confier, par texto, à ses parents restés à Ambérieu pour raisons financières. Si elle dit vrai, ça promet…

Mais les opérations ne vont pas forcément se dérouler comme prévu. A son retour, l'après-midi, au bassin olympique pour y vivre les heures les plus capitales de sa courte existence, l'adolescente est saisie de maux de tête. Rien d'insupportable, certes, mais suffisamment pour lui embrumer l'esprit. Comme pour mieux se protéger, Laure va alors s'enfermer dans sa bulle virtuelle et, en compagnie de Philippe Lucas, se cloisonner à double tour de l'extérieur. Les copines ont beau la croiser, les têtes connues passer sous son nez, rien ni personne ne vont la détourner de son rendez-vous.

En terminant deuxième de sa demi-finale du 100 m dos, Laure se rassure et décroche son ticket pour la finale du lendemain nantie de la deuxième meilleure performance de toutes les engagées (1'00"88). Après avoir craint de dérailler, le TGV Manaudou s'est magistralement recalé sur les rails du succès. Trois courses réussies sur trois. La copie rendue par Laure est, pour le moment, d'une propreté impeccable. Mais l'heure de Laure a sonné. Plus question de jongler, gérer et bien négocier. Libérée du poids du 100 m dos, elle va enfin pouvoir se concentrer exclusivement sur cette finale olympique du 400 m qui hante depuis des lustres toutes ses pensées.

Après avoir éliminé, pendant une dizaine de minutes dans le bassin de récupération, les toxines et l'acide lactique accumulée dans ses muscles après sa demi-finale du 100 m dos, Laure passe entre les mains expertes de Christophe Cozzolino, le kiné de l'équipe de France. Pendant vingt minutes, il va procéder à quelques frictions-palpations qui relèvent davantage de la stimulation du corps que du massage traditionnel. Sa mécanique ne doit, en effet, pas se ramollir, mais conserver toute sa tonicité et rester sous tension. Laure, allongée, ne pipe pas mot. Sous son air d'apparence impassible, elle bouillonne en réalité de l'intérieur. Le stress la gagne, l'impatience aussi. A défaut de se motiver, comme à l'accoutumée, au rythme endiablé de la techno, elle a choisi une bande son beaucoup moins hargneuse mais tout aussi volontaire : celle de Gladiator. « La table de massage est un endroit que les nageurs savent tranquille, raconte « Cozzo ». C'est là où ils finissent de se concentrer. Je les laisse libre, je ne les dérange pas. Je ne leur parle que s'ils en éprouvent le besoin, l'envie ou la demande. Laure apprécie ce calme. Avec sa musique sur les oreilles, elle se met dans son monde. » Mais la réalité, en la personne de Philippe Lucas, va bientôt la rattraper.

Après avoir rangé sa serviette puis regardé affectueusement l'ours en peluche gris offert par Julien, elle écoute religieusement les derniers conseils de son coach qui la renvoient, inévitablement, vers tous ceux qu'il lui a déjà prodigués de longue date. Morceau choisi. « Il y a celle dont le but est d'aller aux Jeux, celles qui peuvent atteindre une finale et celles qui peuvent faire la une des journaux. Toi, c'est la une des journaux. Mais ne te trompe pas. Parce que quand c'est fini, c'est quarante-huit mois plus tard. Prends les bons moments quand tu peux les saisir. Etre championne olympique, ce n'est pas rêve, c'est un but. »[12]

Cette fois-ci, le technicien va aller à l'essentiel : « Si tu vas à l'abattoir, t'es morte (…) Tu dois les dominer (…) Rentre-leur dans la gueule (…) Pars devant, durcis la course (…) Allonge-toi, mets tes jambes à tel moment, te colle pas à la ligne (…) Tu es prête (…) Pense à ton fiancé (…) Tu vas vite. »[18]. Avant de passer en revue les adversaires dont il faudra le plus se méfier :

« La Roumaine Camelia Potec, c'est une suceuse de roue au retour énorme. La Polonaise Otylia Jedrzejczak ne lâche rien. L'Américaine Kaitlin Sandeno, elle, accélère énormément aux 200 mètres. »[18]. Les messages sont passés. Mais plus le temps de tous les enregistrer. Dans vingt minutes, Laure a rendez-vous avec l'histoire. A l'entrée de la chambre d'appel, le couple se sépare. Et même en ce moment solennel, Philippe trouve le moyen de faire du Lucas : « Allez, la grosse, à tout à l'heure ! », lui lance-t-il à la face, histoire de détendre l'atmosphère.

Dans cette chambre d'appel sombre et vitrée, les nageuses sont comme des lionnes en cage. Certaines tournent en rond, d'autres s'étirent ou prolongent l'échauffement. D'autres, encore, essayent de déstabiliser les ennemies du regard. Alors qu'elle maîtrise, d'ordinaire, particulièrement bien cet exercice d'avant-course, Laure ne cherche pas cette fois-ci à prendre un quelconque ascendant psychologique. Elle opte pour la discrétion et préfère se faire toute petite. L'éventuelle parade, ce sera pour plus tard. A moins de dix minutes du départ fixé à 20h50 heure locale, les huit demoiselles sont invitées à rentrer dans l'arène.

A son arrivée sur « scène », Laure repère du coin de l'œil une partie du camp français dans les tribunes. Lucas est à l'écart de la troupe tricolore. Le reste de la délégation, lui, est resté au village olympique. Quant aux parents, aux deux frères et à Julien, ils ont les yeux rivés sur leur écran de télé. Laure va justement profiter de cette lucarne sportive retransmise en mondovision pour déclarer sa flamme et décliner son projet de vie privée. Sur un T-shirt en coton blanc de l'équipe de France, elle a pris le soin d'inscrire au marqueur noir un mystérieux message que seuls les intimes de la nageuse décoderont sur l'instant :

« POUR JU !!! ANGELA – ENZO… ». « Elle m'avait demandé de bien regarder la finale et j'avoue que j'ai été scotché, raconte Julien alias Ju. Je ne pensais jamais qu'elle ferait ça, surtout en finale olympique ! Et puis, écrire les prénoms des enfants qu'on auraient aimé avoir ensemble, c'était dingue… mais super agréable ! »
Laure paraît relâchée et détendue. Peut-être trop, même. En découvrant ce visage ouvert à la décontraction et qu'on ne lui connaît dans ces moments-là, son entourage s'inquiète.
« C'est vrai qu'à cet instant, je n'étais pas à 100% dans ma course, confie-t-elle. Je ne nageais pas que pour moi. Je pensais à Julien, Philippe et mes parents. »[19] Mais Laure va très vite se remobiliser. « C'est ce qui est très fort chez elle, constate Aurore Mongel, partenaire de Laure en équipe de France et sélectionnée à Athènes sur 100 m papillon et 4x100 m 4 nages. Elle a une façon d'aborder les courses qui m'épate. Quand on la voit, on ne la sent pas gagneuse. Mais dès qu'elle plonge, c'est terminé. Elle se bat, elle y va presque à la vie, à la mort. Elle déploie une énergie phénoménale et fait preuve d'une incroyable rage de gagner. Elle est très forte mentalement. »
Placée à la ligne d'eau numéro 4, Laure va partir comme un boulet de canon. Sur des bases démentes, voire insensées. Entendez par là supérieures au monumental record du monde de la spécialité détenu depuis seize ans par l'Américaine Janet Evans (4'03"85). « Ne sachant pas trop où j'allais, j'ai essayé de prendre les Jeux comme un meeting. Et comme je ne connaissais pas ma marge de manœuvre, j'ai décidé de tout faire à fond. » A mi-course, l'impression se confirme. Elle est en avance sur la meilleure marque planétaire. La tactique paraît osée, pour ne pas dire kamikaze. Après coup, ses adversaires avoueront, d'ailleurs, ne jamais être parties aussi vite, au point

de craindre d'« exploser »! Dans son couloir, Laure en bave et s'accroche aussi. C'est alors que son mental d'acier forcément trempé va prendre le relais. Pour l'aider à dépasser cette souffrance d'ensemble et cette douleur grandissante qui ne cesse d'irradier les muscles de ses bras, ses jambes, ses poumons et l'intérieur de son corps. « Je me suis dit qu'il ne fallait pas que je craque. Qu'il ne me restait plus que deux longueurs et que je ne devais pas écouter la fatigue parce qu'à la fin, je commençais à mourir ! »

A chaque respiration, elle a furtivement le temps de constater les dégâts et de faire le point sur son avance. Mais elle ne faiblit, ni ne se désunit pas. Presque mécaniquement, elle continue de tourner les bras avec la même fréquence gestuelle. « Sur la fin, ça allait tout seul. J'ai senti que j'étais devant et que j'allais le rester. J'étais confiante. » Hors de portée, Laure touche la première la plaque électronique d'arrivée après avoir réalisé un solo de 400 m. Il y a deux ans encore, elle pointait au-delà de la 150e place mondiale sur la distance. Aujourd'hui, elle est sacrée championne olympique à 17 ans et 10 mois.

L'exploit est immense. Depuis cinquante-deux ans et seize jours exactement, la France attendait un successeur à Jean Boiteux, unique nageur tricolore à avoir fait main basse sur la plus convoitée des médailles lors des J.O. d'Helsinki. En l'espace de quatre minutes et des poussières de bonheur, elle a réécrit l'histoire et réussit là où tous les meilleurs nageurs du pays ont échoué, de Jean Taris à Roxana Maracineanu, en passant par Georges Vallerey, Alex Jany, Gilbert Bozon, Alain Gottvallès, Christine et Stéphan Caron, Alain Mosconi, Catherine Plewinski ou encore Franck Esposito. « Je ne réalise pas. C'est énorme, mais je ne le montre pas trop. Je viens de faire ce que tout nageur rêve de faire. Je ne sais surtout pas comment exprimer ce que je ressens. Cela fait trois ans que je m'entraîne à raison de 15 kilomètres par jour pour atteindre ce rêve. Et quand j'ai vu mon nom en haut du tableau, j'ai compris que mes rêves passés étaient prémonitoires et qu'ils devenaient réalité. Mais en fait, c'est mieux qu'un rêve. On ne peut pas faire mieux ! Si on veut réussir, il faut se faire mal. Au fond, j'attendais juste que ces Jeux valident le travail abattu avec Philippe depuis 2001. »

Le chrono, lui, est irréel. 4'5"34, c'est tout bonnement le nouveau record d'Europe et la troisième meilleure performance mondiale de tous les temps ! L'assistance est doublement soufflée. D'abord par ce temps d'exception, ensuite par la réaction de la nouvelle championne olympique qui prend un malin plaisir à se complaire dans un semblant d'insolence. « Ce record trottait dans ma tête, ose-t-elle déclarer. C'était aussi l'un de mes objectifs. Il me fallait donc partir vite et maintenir la cadence pour que les autres ne puissent pas me coller. »

Si Laure la placide ne manifeste pas de joie débordante ou ne sombre pas dans un état second proche de l'hystérie, elle arbore tout de même un sourire franc et massif, ose lever un bras rageur dans l'eau, puis les deux à sa sortie du bassin miraculeux. L'information peut paraître accessoire, elle n'en revêt pas moins un caractère digne d'intérêt. « Elle qui ne sourit jamais à l'arrivée de ses courses, au moins là, elle l'a fait ! », chambre gentiment Lucien Lacoste, le directeur des équipes de France. Avec son air buté, sa nature réservée, sa moue souvent boudeuse, son discours insipide et sa propension à banaliser l'extraordinaire, Laure avait fini par laisser les sourires aux vestiaires. Et commençait à passer, à bien des égards, pour une bête froide blasée et insensible à la valeur de ses propres performances. Dans ce contexte, la voir enfin irradier, même avec une certaine retenue, fait plaisir à voir. Et qu'importe si la Marseillaise ne trahira aucune émotion, l'essentiel est de croire en son bonheur intérieur. « Si, si, j'étais émue, justifie-t-elle. Même si ça ne se voyait pas, j'étais sur mon nuage. Je n'ai pas sauté de joie, mais ce n'est pas de ma faute, je n'ai jamais été très expansive. Pas comme un El-Guerrouj (athlète marocain sacré double champion olympique à Athènes) qui a pleuré et embrassé la piste. »

Fair-play et sincèrement ravie pour elle, Roxana Maracineanu assiste de chez elle à la consécration de cette petite fan devenue grande qui va inexorablement... la pousser vers la sortie. « Je suis très heureuse pour elle, déclare-t-elle dans un premier temps. Ce qui m'impressionne le plus chez elle, c'est cette capacité à dire à l'avance ce qu'elle va faire et de le réussir. J'ai également été impressionnée par la manière dont elle a géré sa course. Elle est rentrée dedans avec beaucoup d'envie. J'espère que ce succès restera à elle et à son entraîneur, car ils ont toujours su défendre leur méthode de travail. » Et de poursuivre, deux mois plus tard, à l'annonce de sa retraite sportive. « J'ai arrêté de regarder, de suivre et de penser à la natation le jour où Laure est devenue championne olympique. J'ai senti un soulagement à ce moment-là. Pourtant, Laure, je ne la connais pas. On ne s'est jamais tellement parlé. »19 Avec du recul, Laure a sa théorie sur cette question qui a alimenté, quatre années durant, sa réflexion, et qui reste, aujourd'hui encore, en suspend. « Peut-être qu'elle n'aimait pas perdre et qu'elle n'a jamais supporté qu'une petite jeune arrive d'un coup et lui pique sa place. » Venant d'une demoiselle qui elle-même a une sainte horreur de la défaite et qui abhorre toutes celles qui pourraient lui faire boire le bouillon, l'explication tient la route...

Après une fin de journée marathon où elle aura enchaîné interviewes, podium, félicitations téléphoniques, conférence de presse et contrôle antidopage, Laure finit sur les rotules. A défaut de ses adversaires, ce sont donc les obligations extra-sportives qui auront fini par avoir sa peau. Groggy face à une telle décharge nerveuse et assommée par tant d'émotions, elle accuse également le coup en raison de douleurs au ventre et surtout, de ce satané mal de crâne qui ne l'aura pas quitté d'une semelle depuis son apparition en milieu de l'après-midi. C'en est trop. Philippe Lucas et Laure décident de mettre un terme aux sollicitations et de rentrer direct au village olympique. A bout de souffle, la désormais grande dame de la natation française s'efforce d'avaler une petite assiette de riz. Mais l'appel de la couette est plus fort que tout d'autant que dès le lendemain, elle doit se remettre à l'eau pour défendre ses chances en finale du 100 m dos.

Sur le pas de la porte de sa chambre, Laure a la très agréable surprise de trouver une banderole accrochée au mur par ses copines de l'équipe de France et sur laquelle elle peut lire :
« Bravo à notre petite Laurette, c'est super chouette. »
Alexandra Putra, sa partenaire de chambrée, a la primeur de ses confidences. Pendant un quart d'heure, elle va l'écouter dérouler le fil d'une journée pas comme les autres. Il est 2 heures. Laure finit par s'écrouler « dans un sale état », selon ses dires. Sa seule ambition du moment : miser sur une bonne nuit de sommeil pour recharger les batteries et aborder du meilleur pied la suite des opérations.

Peine perdue. Dès huit heures, Laure est réveillée et rattrapée par son nouveau statut de championne olympique. C'est ce qu'on appelle le revers de la médaille. Désormais au sommet de l'Olympe, elle doit s'attendre à faire l'objet d'une surveillance accrue de la part des brigades antidopage. Ainsi, et même si l'envie conjointe de dormir et vomir est plus forte que tout, Laure se plie bon gré mal gré à un contrôle sanguin inopiné avant de replonger aussi sec au lit afin de grignoter quelques précieuses heures de sommeil supplémentaires.

Il est midi. Laure a épuisé tous ses recours. Il lui faut se lever et s'en aller dérouiller une machine qui n'a eu droit, la veille au soir, à aucun massage ni récupération active afin d'éliminer tous les déchets sécrétés par son corps pendant l'effort. Manaudou est à côté de ses pompes. Huit cents petits mètres suffiront. Finalement, ce sont le déjeuner, le massage et la sieste qui s'ensuivront qui la remettront d'aplomb.

De retour sur le théâtre de ses exploits, Laure fait preuve d'une incroyable maturité sportive. Comme si l'exploit de la veille n'avait jamais eu lieu, elle trouve des ressources insoupçonnées pour se remobiliser à 100 % et tenter de réaliser une nouvelle pêche miraculeuse, cette fois-ci sur 100 m dos. Lucas l'intuitif a l'intelligence de ne pas lui prendre la tête et de la matraquer de consignes. Seuls quelques petits mots bien pesés suffiront à la mettre en alerte sur certains points de la course. « Comme maintenant ce n'est que du bonus pour elle, je pense qu'on va assister à une grande course de sa part, pronostique Claude Fauquet. Elle va exprimer ce qu'elle sait le mieux faire, c'est-à-dire son sens de la compétition. Même si toutes ses adversaires seront vigilantes, elle ne doit pas se contenter de ce qu'elle a déjà fait. Elle doit profiter de cet état de grâce. »

19h50. Laure est de nouveau à l'assaut de l'histoire. Conformément au plan de course établi par son entraîneur, elle part vite et lâche tout. Le but d'une telle mise à l'eau : tenter de grignoter en nage pure tous les dixièmes qu'elle perdra au moment du virage, puis de la coulée sous-marine. Tous ces détails techniques, qu'elle a forcément négligés à l'entraînement puisqu'elle a volontairement délaissé le dos depuis longtemps, vont lui coûter cher. Mais même émoussée, même avec une partition criblée d'imperfections, Manaudou passe de « Laure » au bronze en accrochant une épatante troisième place olympique. Avec deux médailles, la Bleuette entre dans le cercle très fermé des nageurs français doubles médaillés olympiques en natation, aux côtés de Jean Boiteux, Catherine Plewinski et Stéphan Caron. « Je ne sais pas si on s'en rend bien compte mais elle est partie pour se bâtir un palmarès à la Marie-José Pérec (triple championne olympique) », insiste ce dernier, médaillé de bronze sur 100 m aux J.O. de Séoul 1988 et Barcelone 1992.

Mais au-delà de ce nouveau récital aquatique, ce qui va surtout marquer les esprits, c'est cette surprenante attitude de battante qu'elle va trimbaler hors de l'eau. Avant le départ, elle cherchera, par exemple, vainement à déstabiliser du regard la future championne olympique, l'Américaine Natalie Coughlin, histoire de l'impressionner et de faire naître quelques doutes en elle. Après l'arrivée, elle affichera clairement sa déception et tirera une tronche pas possible. Comme si le bronze ne comptait que pour du beurre. Pire, sur le podium, elle n'applaudira que du bout des doigts ses devancières. « Je suis déçue, confirme-t-elle. Je n'étais pas venue sur cette course pour perdre. Je suis obligée de me contenter de la troisième place du podium. C'est rageant. Si je n'avais pas pris un mauvais départ, j'aurais peut-être pu mieux terminer. J'ai laissé filer l'or. Je le regrette. »

Avec « seulement » une breloque bronzée autour du cou, Laure est cependant bien mieux lotie que la veille. En terme d'emploi du temps, s'entend. Une fois honorées les figures

imposées par le protocole (presse, contrôle antidopage), elle disposera, en effet, d'un peu de temps pour se rendre au Club France, situé au Pirée, et fêter, jusqu'à deux heures du matin, sobrement mais sûrement avec ses compatriotes, ces morceaux de gloire qui nourrissent déjà sa légende. Cette virée nocturne tombe d'autant mieux que pendant quarante-huit heures, c'est relâche pour Laure avant de s'attaquer à son ultime défi olympique : le 800 m. « Elle est entamée, reconnaît Lucas. Elle a laissé pas mal de plumes. Mais on ne doit pas débrancher, ni sortir de la compétition. On doit rester dans notre bulle. »
Avec une centaine de textos et autres messages vocaux reçus sur son portable, Laure s'aère l'esprit et reste, malgré tout, en contact avec le monde extérieur. Elle veut remercier, échanger, partager et papoter comme toutes les autres filles de son âge. Mais son forfait ne va bientôt plus suivre la cadence. Forte d'un nouveau statut, Laure tente alors crânement sa chance et adresse un SMS très particulier à son agent de l'époque, Bruno Bravo. « Tu peux faire quelque chose pour ma note de téléphone », lui demande-t-elle. Bravo se retourne vers Orange, l'opérateur de la pipelette. Et bingo ! Non seulement, la grâce téléphonique lui sera accordée (mais jamais honorée !), mais surtout, cette prise de contact débouchera quelques mois plus tard sur la signature d'un contrat de prestige entre Laure et Orange !
En tout cas, Laure n'a doublement plus besoin de se soucier du coût de l'appel pour joindre sa famille en France. A l'occasion du 800 m, dernière épreuve inscrite à son programme, la meilleure nageuse française de tous les temps peut, en effet, compter sur un soutien inespéré. Celui de ses parents et de ses deux frères qui ont décidé de casser la tirelire pour venir vivre en live ce moment d'histoire du sport. « La voir nager aux Jeux,

c'était comme un rêve, avoue sa mère. En plus, à la fin de sa course, elle nous a fait un petit signe ! C'était génial ! » Galvanisée par cette présence, Laure va de nouveau frapper un grand coup lors des séries du 800 m. En bouclant ses seize longueurs en 8'25"91, la nageuse de Melun s'offre un nouveau record de France, le meilleur temps de toutes les engagées ainsi que la septième meilleure performance européenne de tous les temps. Psychologiquement, elle prouve à toutes celles qui n'auraient pas encore intégré la donnée qu'elle est dotée d'un mental de « tueuse », dixit Lucas. Physiquement, elle ne laisse apparaître aucune faille dans sa condition physique et confirme que le colossal travail de résistance accompli en amont a fini par lui procurer une « caisse » d'enfer. Enfin, sportivement, elle est en passe de devenir le nouveau phénomène dont tout le monde parle. Dès que les conversations glissent sur son nom, les pronostics vont bon train. Certains lui prédisent un record olympique en finale du 800 m, d'autres parlent déjà d'avenir conquérant sur 100 m dos voire 200 m dos. Sans parler du 400 m où rien ne lui semble interdit tant son potentiel est insondable.

« Je ne suis pas favorite du 800 m parce que je ne suis pas une spécialiste de cette distance, se défend pourtant Laure qui, d'ordinaire, clame haut et fort ses ambitions. Pour l'instant, je ne vise qu'un podium. » Mais comme d'habitude avec elle, l'appétit vient en nageant. Il est 18h45. Couloir 4, Laure préside la table des festivités. A sa droite, une autre gourmande dont on ignore encore le coup de fourchette, la Japonaise Ai Shibata. Comme sur 400 m, Laure s'élance telle une morte de faim. Pied au plancher, prête à toutes les dévorer. Aux 200 mètres, la gloutonne est en avance sur les temps de passage de l'antique et mythique record du monde de l'Américaine Janet

Evans. A mi-course, elle frôle l'indigestion et reporte son appétence sur la Japonaise qu'elle devance encore de près de trois secondes. Mais à s'être trop bâfrée d'entrée, Laure commence à s'écoeurer. Sur ce coup-là, la Française a manqué de mesure et a eu les yeux plus gros que le ventre. La Nippone, elle, fond sur elle avant de la ramasser à la petite cuillère dans les cinquante derniers mètres. Manaudou s'incline d'un souffle. De 42 centièmes, exactement. A Shibata les couverts dorés, à Laure la tour d'argent. Avec un nouveau record de France en poche (8'24"96) et un sacré zest de panache en prime. Mais que les dernières bouchées furent terribles à avaler. A l'arrivée, le piranha tricolore a les crocs dehors et l'estomac de travers. Défigurée par la violence de l'effort, il lui faudra de longs instants avant de retrouver tout son mordant et de digérer le menu gargantuesque, pour son jeune âge, auquel elle s'est attaquée cinq jours durant.

L'or, l'argent, le bronze. Laure en aura donc fait voir de toutes le couleurs à ses adversaires. Mais la triple médaillée olympique (exploit que seuls trois autres français ont réalisé au cours de la même Olympiade) fait la moue et nous refait le coup du 100 m dos. Le discours sévèrement « burné », en plus... « Je suis dégoûtée, lâche-t-elle d'emblée. Devant mes parents présents dans le public, je voulais gagner. Je suis dégoûtée de terminer deuxième après avoir posséder un voire deux mètres d'avance. A partir des 500 mètres, j'ai commencé à avoir mal aux jambes. J'ai alors eu du mal à pousser dans les virages. Et beaucoup de difficultés à terminer. Mais j'ai tenté. Comme dirait mon entraîneur, j'ai eu les couilles de partir vite ! Perdre un 800 m pour 42 centièmes, c'est vraiment dur. Oui, vraiment, je suis dégoûtée. Même si l'argent, c'est pas mal, je préfère l'or. Au moins, c'est bien, j'ai une médaille de chaque couleur ! »

Trois courses, trois médailles, trois couleurs, trois métaux différents. En l'espace de cinq jours, une star est née. Hier vedette d'une natation tricolore en reconquête, Laure a basculé à Athènes dans une toute autre dimension et accédé à un nouveau statut. Son histoire ne fait que commencer que déjà, les mots finissent par manquer. Grandiose, énorme, monumentale. A l'image de ses breloques qu'elle empile comme on enfile des perles, les superlatifs se bousculent au portillon. Oui, cette très jeune grande dame est vraiment phénoménale. A 17 ans, la collectionneuse ne se contente même déjà plus d'écrire l'histoire de la natation française. Elle occupe carrément une place de choix dans la légende du sport français. Car des comme elle, et il faut bien en avoir conscience, il n'en déboule en France qu'une par siècle !

Avec les 200 000 euros (primes fédérales, ministérielles et de son équipementier Arena) que viennent de lui rapporter ses trois médailles olympiques, la sirène bleue devrait penser à investir dans une vitrine pour trophées. En Laure massif, bien évidemment.

Dépression post-olympique

« Je ne suis pas une star, je suis simplement une nageuse de haut niveau. Je suis peut-être championne olympique mais dans ma tête, je suis toujours la même. Je ne vois pas pourquoi je changerais sous prétexte que je suis la première du monde. Quand on me dit que je suis championne olympique ou qu'on me compare, par exemple, à un David Douillet, j'ai du mal à réaliser. Je suis encore jeune. Je n'ai que dix-huit ans. Tout est allé si vite. Je ne m'attendais pas à tout ça en même temps. » Laure a beau nié l'évidence, sa vie comme l'image qu'elle renvoie ne seront jamais plus comme avant.

De Grèce, Laure ignore ce qui se trame en France. Rompu à ce genre d'exercice, le handballeur Jackson Richardson, porte-drapeau de la délégation tricolore à ces Jeux, se permet de lui glisser ce conseil : qu'elle s'empresse de fabriquer un tampon encreur avec sa signature afin de gagner du temps, chez elle, lors des séances de dédicaces ! « Je ne fais pas attention à ce qui se passe là-bas, déclare-t-elle alors. En plus, au village olympique, on n'a ni la télé, ni les journaux. Mais d'après ce qu'on m'a dit, il paraît qu'il y a plein de gens qui s'intéressent maintenant à la natation grâce à moi. On verra sur place, mais je pense que beaucoup de choses vont changer. On risque de me reconnaître dans la rue. Je vais devoir faire attention à ne pas trop déballer ma vie sinon, je vais me retrouver dans les magazines people ! » Au large, une vague déferlante commence pourtant à se dresser. Prête à tout déformer sur son pas-

sage : les rapports humains et les relations de confiance ; les intérêts commerciaux comme les priorités sportives. Bruno Bravo est le premier à prendre la mesure de toute cette agitation qui va entourer le jeune prodige. Contacté en début d'année pour n'assurer, initialement, que la promotion du club de Laure et de Philippe, le CN Melun-Dammarie, ce professionnel de la communication et de l'image qui est producteur-réalisateur va, contre toute attente, se retrouver propulsé agent.
« L'histoire m'a rattrapé, raconte-t-il. J'étais devant ma télé et lorsque je l'ai vue remporter le titre olympique, je me suis dit : « Boum ! Qu'est-ce qui va se passer ? » On s'est tous fait dépasser. Et dès le lendemain, je me retrouvais complètement impliqué. »
Sa première journée ressemble à s'y méprendre à celle d'une standardiste. C'est de la folie furieuse. Toutes les deux heures, la boîte vocale de Bravo est saturée à l'image d'un standard téléphonique qui aurait sauté. Soit un total de soixante demandes en tout genre par jour ! Télés, radios, presse écrite, sponsors institutionnels, partenaires privés : tout le monde veut sa tranche de Manaudou car la nouvelle icône du sport français a tout pour elle. Du talent, du charme, de la plastique, de la fraîcheur, de la malice et du caractère. « On ne comprend pas encore ce qui se passe, précise-t-il. On n'est pas encore dans l'idée de préserver une star. Pour le moment, c'est bon enfant. On apprend à échanger. »
De retour de Grèce, Laure a droit à quinze malheureux jours de vacances là où les autres sélectionnés olympiques ont tout le loisir de se déconnecter de la planète sport pendant au moins quatre semaines. C'est la première erreur qui sera commise dans cette gestion post-olympique, si délicate à appréhender.
« Ca été dur de reprendre, confie-t-elle. Surtout dans la

tête. » Amoureuse transie de son Julien, maître nageur à Orcières-Merlette, la nouvelle coqueluche du pays s'en va retrouver son chéri dans les Alpes du sud. C'est là-bas qu'elle honore son premier contrat conclu avec cette modeste station de sport d'hiver. En échange d'une participation à vin d'honneur par ci, d'une séance photos par là, Laure et sa famille vont bénéficier de quelques avantages en nature comme, par exemple, la mise à disposition d'un studio ou de VTT à l'année. Tout le monde y trouve son compte et s'accommode parfaitement de ces premières obligations.

De passage à Melun à l'occasion de l'inauguration du « bassin olympique Laure Manaudou », suivie d'une réception à l'hôtel de ville, Jean-Luc, le papa, est comme groggy par tant d'attentions. « C'est un peu surréaliste, confie-t-il. Tant d'hommages rendus à une jeune fille. Une très jeune fille. Elle n'a pas en tête tout l'historique des Jeux ni le poids d'une médaille d'or olympique. Elle est toute fraîche. Pour moi, les Jeux, c'est Carl Lewis *(athlète américain neuf fois champion olympique)* ou Michael Gross *(nageur allemand double champion olympique).* Mais ce que je mesure mal, c'est l'impact qu'elle a auprès des gens. Et la manière dont on la met avant. »

Très vite, les parents de Laure se rendent compte qu'il serait idiot de laisser passer certaines occasions. Qu'il serait impensable de ne pas faire fructifier son image. En deux mots, qu'il serait de bon ton de décrocher quelques contrats juteux afin que leur fille soit à l'abri pour les années à venir. « Me faire connaître et passer à la télé, ça va me permettre d'avoir des sponsors qui me soutiendront pour la natation. », reconnaît d'ailleurs à l'époque Laure, elle-même. Mais Bravo va alors se trouver en terrain miné. Il est tiraillé entre d'honnêtes parents qui ne veulent que le bonheur de leur fille et un Philippe Lucas

qui exige que son travail d'entraîneur soit respecté et que rien ni personne ne viennent perturber l'entraînement de sa protégée. « Son métier, c'est de nager et de s'entraîner, martèle-t-il. Ce n'est pas d'aller faire le guignol sur les plateaux de télé jusqu'à 2 heures du mat et louper une séance d'entraînement le lendemain. Moi, je passe ma vie à entraîner et elle, des mois à faire des sacrifices. Ce qu'elle fera en dehors de la natation sera donc très limité. Je la protègerai. Mais je ne me fais pas de soucis. Nous serons sur la même longueur d'ondes car c'est une fille intelligente qui sait ce qu'elle est et pourquoi elle le fait. »
Bravo marche sur des œufs. Et se retrouve face à un délicat dilemme. S'il a beau faire le tri sélectif des demandes en amont, certaines lui paraissent incontournables et sont susceptibles d'amener d'évidents contrats. « Avec ses qualités humaines, physiques et plastiques, on pouvait l'amener assez loin, explique-t-il. Je voulais lui donner une image classe et naturelle, un peu comme Laetitia Casta. Ma stratégie consistait donc à la montrer à la télé afin qu'elle devienne intéressante en terme de business. Mais mon gros souci était de résoudre le problème de la densité des demandes et de la faire voir sans trop perturber son entraînement. »
Chacune des émissions retenues est donc d'abord proposée à Philippe Lucas qui décide alors de la valider ou non en fonction de ses impératifs d'entraînement. Quand l'entraîneur a la possibilité de suivre sa « fille adoptive » sur les plateaux, il n'y voit aucun inconvénient. En revanche, dès que son emploi du temps ne le lui permet pas, c'est la soupe à la grimace garantie. Deux raisons expliquent cette attitude. La première, c'est que Lucas ne peut s'empêcher de couver voire surprotéger sa belle. La seconde, c'est que tout ce qui brille l'attire et que sa médiatisation naissante n'est pas pour lui déplaire. Alors, quitte à

accompagner Laure, autant se montrer et s'offrir un coup de pub. « C'est moi qui décide, un point c'est tout, insiste Lucas. Mon critère numéro un, c'est de ne jamais perturber l'entraînement. Il y aura donc des sorties de temps en temps mais pas beaucoup parce que c'est quand il va falloir y aller qu'on va voir si elle restée la même ! » Très appliquée dans le doublage son de la voix de son maître, Laure poursuit : « C'est effectivement Philippe qui choisit ce qui est bon pour mon image. Mais si je n'ai pas envie, je n'y vais pas parce que je suis avant tout une sportive, pas une people qui fait de la télé pour se faire remarquer. »

Laure et lui crèveront donc conjointement l'écran chez Patrick Sébastien, dans « Le plus grand cabaret du monde », dans « Le grand journal » de Michel Denisot ou encore chez Michel Drucker, à la fois dans « Vivement Dimanche » et « Plus de vie ». Mais le plus beau coup, c'est assurément sur le plateau de Marc-Olivier Fogiel dans « On ne peut pas plaire à tout le monde » qu'ils vont le réaliser. Passablement enivré, Lucas se fait remarquer du grand public avec son approche atypique, son style embijouté et son franc parler. Laure, elle, va taper dans l'œil des marques. Dès le lendemain, et alors que la moyenne de 60 diverses demandes par jour n'a pas décliné, les annonceurs se bousculent au portillon pour associer leur image à celle du nouveau visage du sport français. Total, Cap Gemini, Lancel, Mitsubishi, France Telecom et bien d'autres encore comme Uncle Ben's et Fleury Michon manifestent leur plus vif intérêt. « Il fallait que la France la découvre et se l'approprie, précise Bravo. Ca a été le point de départ. Conformément à ce que m'avaient officiellement demandé ses parents, on allait tranquillement commencé à lui bâtir une carrière financière. » En parallèle, Bravo doit négocier encore et encore les virées médiatiques ou autres relations publiques de Laure avec un Lucas de plus en plus exaspéré. « J'avais promis à Philippe qu'à la fin septembre, on couperait les robinets. Qu'il fallait d'abord jouer le jeu et donner à manger aux medias sinon, ça ne s'arrêterait jamais. » Mais le courant passe de plus en plus mal avec le coach. L'agent joue alors carte sur table, détaille son plan média, décrypte sa stratégie. Lucas finit par accepter tant bien que mal. Malgré ce contrat moral, le climat ambiant ne va pas s'améliorer pour autant. Bien au contraire, puisqu'il ne va cesser de se dégrader. Et pas uniquement pour des simples questions d'organisation et d'emploi du temps.

Nous sommes mi-septembre et dans moins d'un mois, Laure va avoir 18 ans (le 9 octobre). Depuis plusieurs mois déjà, la championne vit avec cette échéance en tête. Et ne s'en cache pas. « Je suis pressée d'avoir 18 ans et mon appartement. Je pourrai aller à la piscine toute seule, sortir, rentrer chez moi le week-end plus souvent. Etre plus libre. » Libre : le mot est lâché. Sous son armure de bête de compétition que rien ne semble affecter, la miss reste une ado sans adolescence, sevrée de petits plaisirs de son âge. Une jeune fille contrainte -plus que forcée car c'est elle qui a souhaité le rejoindre à Melun- de vivre sous le même toit que Lucas, d'être sous la férule de Lucas, d'être sermonnée par Lucas, d'être protégée par Lucas. En un mot, d'être Lucas dépendante. « Philippe est comme Guy Roux avec ses joueurs, raconte Julien Fort, le petit ami de Laure. Il la surveillait tout le temps, dans ses moindres faits et gestes. Ca commençait vraiment à être pesant pour elle. »

Ce qu'elle ne supporte plus, c'est également la manière dont son coach lui remonte les bretelles à l'entraînement. Les gueulantes appuyées, les insultes gratuites, les humiliations publiques, Laure les encaisse de plus en plus mal. « Elle en avait

marre d'être insultée au quotidien, raconte cette ancienne partenaire du club de Melun. Elle commençait même à douter de Philippe. Elle pensait qu'il voulait l'exploiter physiquement au détriment de sa santé. Par ce que j'ai envie d'appeler de l'instinct de survie, elle voulait faire gaffe à elle. Ne pas subir le même sort. Car malgré son statut, elle n'était pas favorisée. Elle était traitée comme les autres, un peu à la russe... »
Si Laure sature aussi vite et fort, quelques jours seulement après la reprise de l'entraînement, faut-il le rappeler, c'est aussi parce que ses vacances, pourtant bien méritées, ont été réduites au minimum syndical. « L'erreur de Philippe, c'est de ne pas l'avoir laissée tranquille au moins un mois, poursuit ce témoin privilégié. Du coup, Laure avait le sentiment de vivre sous pression permanente. A tel point qu'à la fin septembre, elle avait clairement envie de changer d'entraîneur. » Et dire qu'au lendemain des Jeux, ce couple avait tout pour filer un bonheur sportif parfait.
Dès qu'elle quitte la sphère sportive, Laure est une jeune fille épanouie qui renaît à la vie. Comme par enchantement, elle retrouve le sourire, se délecte de sa notoriété naissante et manifeste une curiosité bon enfant. Au restaurant du Plaza Athénée, à Paris, elle s'émerveille devant une entrée très tendance comme on s'extasie devant son premier jouet. A la boulangerie, elle parie sur ceux qui vont la reconnaître et la laisser passer dans la file d'attente. Au Salon de l'automobile, elle sourit à pleines dents, parfois niaisement, dès qu'on l'identifie. Lors d'une soirée Lancel, elle est aux anges lorsqu'on lui offre des bons d'achat. « Elle était cool et détendue, précise Bruno Bravo. Presque dans un état second. Elle découvrait la notoriété et trouvait ça plutôt rigolo. Pour elle, c'était une vraie bouffée d'oxygène. Mais elle avait la trouille dès qu'elle

devait rentrer. Elle se demandait à chaque fois ce qui allait se passer. »
Fin septembre, c'est la séparation matérielle entre Laure et Philippe. « D'un coup, on n'a plus eu la même complicité, se souvient-elle. Moi qui le considérais comme un père, il n'est redevenu à mes yeux qu'un entraîneur. » Comme on le lui avait promis, la sirène de Melun emménage dans son propre appartement situé sous les toits, à deux pas de la gare et une dizaine de minutes de la piscine. Ce nid douillet ne respire ni le luxe, ni l'opulence. Plutôt la vie estudiantine, avec seulement un petit espace de vie. Aux murs, Laure a punaisé des photos d'elle aux Jeux, d'elle encore avec Julien et d'elle toujours avec Philippe. L'intérieur ne paye donc pas de mine. Le seul signe extérieur de richesse, c'est dans ce téléviseur dernière génération à écran plasma qu'il faudra le débusquer. Et encore, l'appareil lui a été offert par la ville de Melun !
L'ambiance est tellement tendue entre Laure et son mentor que ce dernier ne daigne même pas l'aider à emménager en compagnie de ses parents et de son amoureux. « Il a très mal vécu ce départ, avoue Bravo. Ca s'est très mal passé. Il a pris ça comme une déchirure. » Après l'entraînement, la nageuse s'empresse de rejoindre son chéri, alors en vacances prolongées à Melun. L'agent se greffe quelquefois au duo. Parfois pour parler « business », souvent par courtoisie. Il en profite aussi pour initier Laure aux rudiments du web, des mails et de l'informatique en général. Avec Julien, Laure en fait son allié. Elle lui confie ses doutes et avoue sa saturation pour la méthode Lucas, celle-là même qui l'a pourtant hissée au sommet du sport français et de la natation mondiale.
Un soir, la nageuse fait preuve d'une curiosité qu'on lui connaissait en demandant à Bravo : « Dis-moi, comment tu

te payes ? Sur chaque contrat passé, tu prends combien ? 10 % ? 25 % ? » D'abord surpris, son homme de confiance lui explique tout et va même jusqu'à lui laisser un contrat type d'agent afin qu'elle puisse potasser le « dossier ». « Je n'avais rien à lui cacher, explique-t-il. J'ai joué franc jeu. Non seulement parce que je suis quelqu'un de transparent, mais aussi parce qu'il me semblait important qu'à 18 ans, on commence à l'éduquer, à la professionnaliser et à lui faire prendre conscience de certaines valeurs. Cela lui aurait permis de faire des choix beaucoup plus matures aujourd'hui. »

Peu de temps après, au téléphone, Laure fait spontanément part de cette conversation à sa mère. Jean-Luc, le père, qui n'a jamais vraiment eu un bon feeling avec Bruno Bravo, manifeste son mécontentement auprès de l'intéressé et décide de prendre ses distances. C'est alors qu'Arena, l'équipementier historique de Laure, va entrer dans la danse. Sceptique à l'égard de la stratégie adoptée et dubitative sur les qualités du bonhomme, la marque de maillots de bain recommande alors aux parents un avocat spécialisé dans le droit du sport, en la personne de maître Didier Poulmaire, qui s'occupe notamment d'Amélie Mauresmo. Une rencontre secrète a lieu à Paris. Les deux parties s'entendent. En deux temps trois mouvements, Didier Poulmaire sort du chapeau, se voit propulsé « représentant des droits de Laure Manaudou » et hérite d'un cadeau qui lui tombe du ciel.

A coup de fax et lettre recommandée, Bravo est éloigné de Laure et écarté du centre nerveux. Pour tout dire, dégagé comme un malpropre. On lui reproche d'avoir été d'une mauvaise influence, d'être un agent véreux, un type malintentionné, un danger pour Laure et de l'avoir détournée de la natation en la trimbalant d'émission en émission. Pour information et après vérification, Bruno Bravo n'a pas touché le moindre centime d'euro pour ses deux mois de travail actif, ni jamais pu signer le moindre contrat. On a connu pire comme escroquerie... Sommé de ne plus entrer en contact avec Laure, Bravo ne s'entretiendra jamais plus avec elle, ne serait-ce que par téléphone ou SMS interposé, la mode de communication pourtant préféré et fort bien maîtrisé de la demoiselle. « Laure était très influençable car très immature, poursuit cette ex-nageuse de Melun. On lui a fait subir une sorte de lavage de cerveau. Et au final, elle a retourné se veste et fait preuve d'une certaine ingratitude. La vérité, c'est qu'elle a été manipulée. » Si Bravo semble avoir joué le rôle de fusible idéal, Laure ne va pas entrevoir pour autant la lumière au bout du tunnel qu'elle traverse. Mécaniquement, elle continue de s'entraîner, certes. Mais psychologiquement, elle est usée. Et intimement, elle va se recroqueviller sur Julien et se détourner de ses parents avec qui les rapports sont de plus en plus tendus, voire explosifs. « Depuis qu'elle a treize ans et qu'elle est partie de chez nous, maugrée son père, on a fait l'effort de rester à l'écart et de ne pas la voir. Et là, certains n'ont pas su rester à leur place... » Triathlète à ses heures perdues, Julien est autorisé par Philippe Lucas a bénéficié des créneaux horaires de Laure pour venir s'entraîner. Mais cette présence, voire cette omniprésence a le don d'irriter le « boss ». Quand son homme est là, la championne olympique travaille moins, nage en dilettante et ose même tenir tête à son coach. « Elle ne pensait plus qu'à son mec et à filer le parfait amour. », continue cette proche. En octobre, les deux tourtereaux vont jusqu'à se fiancer, remise de bagues à l'appui en compagnie des parents. Et parlent même déjà de mariage ! « Elle voulait avoir une vie normale tout en étant une sportive de haut niveau, rapporte Julien. Mais ce

n'était pas possible. »
Pendant près de trois mois, Julien va partager son quotidien. Pour le bien de Laure qui n'est jamais aussi équilibrée que lorsque l'amour est dans les parages, Philippe Lucas et maître Didier Poulmaire demandent alors au jeune homme de quitter Orcières-Merlette pour monter rejoindre sa dulcinée à Melun. Poliment, « Juju » décline la proposition. Pas envie de devenir « Mr Manaudou », encore moins celle de vivre sous la grisaille francilienne. Du coup, après Bruno Bravo, c'est le jeune Julien qui va devenir « l'homme à abattre ». Pour Lucas et Poulmaire, il est celui qui fait tourner la tête de la championne. Pour les parents de Laure, c'est juste un maître-nageur qui est avec leur fille par intérêt financier. Au lendemain des Jeux, la nouvelle star de la natation française craignait d'être surmédiatisée, de lasser le public et d'être déconcentrée dans sa préparation par tout un tas de tentations. Finalement, c'est de sa garde rapprochée qu'est venu l'essentiel du danger.
En public, Laure sauve les apparences, trop fière pour craquer ou se laisser-aller à afficher ses états d'âme. Ainsi, lors de sa rentrée sportive à Rosny-sous-Bois fixée seulement deux mois après la fin des Jeux Olympiques, ses supporters n'y voient que du feu malgré l'agacement qu'elle manifeste à l'égard des chasseurs d'autographes hystériques et autres fans en délire. Et un mois encore plus tard, c'est elle qui va mettre le feu aux meetings de Saint-Dizier puis de La Roche-sur-Yon, laissant clairement apparaître un état de forme déjà optimal et une joie de nager intacte. En Haute-Marne, elle bat d'entrée de jeu son record de France du 1500 m en petit bassin (16'06"59 contre 16'16"50). Mais cette nouvelle marque ne sera finalement pas homologuée car Laure a nagé sa série avec des garçons afin d'ajouter du piment à ses courses et de mettre un coup de

turbo à ses chronos ! Qu'a cela ne tienne. Dès le lendemain, elle se venge sur 400 m en rafraîchissant son propre record national du 400 m (4'01"96 contre 4'03"29), à sept dixièmes seulement du record d'Europe !
Si elle n'est pas comblée par la vie qu'elle mène alors au Melun, Laure va prouver, en revanche, qu'elle reste en accord avec l'élément liquide et au top sportivement parlant. Une semaine plus tard en Vendée, elle va, en effet, de nouveau se muer en phénoménale compétitrice. Devant 1500 personnes toutes acquises à sa cause, elle bat le premier record du monde de sa précoce carrière. Celui du 1500 m, en effaçant des tablettes le chrono établi en 1982 par la stupéfiante Est-Allemande Schneider (15'42"39 contre 15'43"31). Simplement venue dans les Pays de la Loire pour tenter d'« aller le plus vite possible », Laure va une fois de plus prouver qu'impossible n'est pas Manaudou. Qui plus est seule, puisque cette course avait été montée de toutes pièces pour elle. La performance est immense. L'exploit, retentissant. Les précédents, rarissimes chez les femmes puisque seule Christine Caron avait été détentrice avant elle d'une marque planétaire en 1964 sur 100 m dos (grand bassin). Quant aux limites de son potentiel, plus personne n'ose s'avancer. Pas même la première concernée : « Honnêtement, je ne savais du tout de quoi j'étais capable. Je n'avais aucun repère durant la course. Et à l'arrivée, je n'avais même aucune idée du temps réalisé. »
Quelques jours plus tard, l'occasion m'est donnée, par Philippe et Laure, de venir passer une journée pleine à la piscine de Melun. Puisqu'à l'époque rien ne transpire du malaise ambiant, l'objectif que je me suis fixé se limite donc à explorer la face cachée de l'iceberg. Autrement dit, à mettre en lumière l'envers du décor avec son lot de sacrifices, de discipline voire

de dureté. Pas besoin d'être un fin limier pour remarquer, d'emblée, qu'il y a quelque chose qui cloche. Il y a comme de la tension dans l'air. Laure est antipathique, mal lunée, détourne volontairement sa tête quand le photographe qui m'accompagne tente de la « shooter ». Elle expédie ses fins de séries, tient tête à son coach. A l'issue de la séance, Lucas a ces mots très durs : « Sur une année complète, Laure ne fait que 40 % de l'entraînement correctement. Elle est difficile à entraîner. Parfois, elle est capable de se mettre minable et là, c'est du très haut niveau. Mais le reste du temps, elle fait de la grosse merde, comme en ce moment ! A force de répéter semaine après semaine de mauvais trucs à l'entraînement, elle va finir par se prendre un coup de barre dans la gueule ! C'est obligé, sinon ce serait trop facile ! Dès notre retour en France après les Jeux, je lui ai dit qu'elle devait se montrer digne de son titre. Elle doit assumer son statut et ne plus se satisfaire d'un truc moyen. Elle doit encore progresser à l'entraînement, être bonne et professionnelle tous les jours. Elle n'a plus le droit de faire n'importe quoi. Il faut qu'elle devienne plus pro et qu'elle mûrisse encore. C'est son gros problème. Alors quand je suis énervé, oui, j'y vais cash et ça pète ! »
Si Laure est au bord de la crise de nerfs, Lucas est également à bout puisque quelques années plus tard, il confiera : « Si j'avais eu des couilles, j'aurais dû la virer après les Jeux parce que c'était tellement dur et compliqué de la faire travailler. Après, c'était que du bonus. » Toujours est-il que l'entraîneur est là, et bien là aux manettes, en cette après-midi d'entraînement qui débute par trois-quarts d'heure de musculation. Laure est toujours aussi aimable et ne calcule personne. Entre deux SMS envoyés, elle travaille cuisses, biceps, triceps et dorsaux. « Put…, j'en peux plus ! », lâche-t-elle exténuée. Mais

bientôt, il lui faudra se faire une énième fois violence en plongeant pendant deux heures dans le bassin extérieur qui porte son nom. Mais au bout d'un quart d'heure, les forces commencent à lui manquer. « Put…, qu'est-ce que t'as bouffé encore ce midi ? », lui demande Lucas. Pas de réponse. Laure, qui ne suit aucune règle élémentaire de la diététique appliquée au sport et qui est plutôt une adepte de la junk-food, subit une légère hypoglycémie. Au pas de course, le technicien seine-et-marnais va lui chercher deux barres chocolatées. « Fais chier, me confie-t-il. Depuis qu'elle est partie de chez moi, je ne sais pas ce qu'elle bouffe. Je ne peux plus rien contrôler. » Et c'est bien là tout ou partie du problème.

Sur le front des sollicitations, c'est également la guerre des tranchées. « Dans quelques semaines, l'agitation médiatique sera retombée », avait pronostiqué Jean-Luc, le père, dès que le rideau des J.O. était retombé. Mauvaise intuition, puisque Laure va rester au fil des semaines au sommet du hit-parade des sportifs le plus courtisés. Dans la nouvelle structure, mise en place après le départ forcé de Bruno Bravo, il y a un avocat, Didier Poulmaire, mais aussi une attachée de presse, en la personne de Marie-Claude Prévitali, salariée d'Arena et chargée de centraliser toutes les demandes issues de la nébuleuse médiatique. Des demandes diverses et variées qui vont se succéder, jusqu'en décembre, « à un rythme infernal ». D'une séance photo avec Jean-Baptiste Mondino à l'ouverture du « Bal des débutantes », en passant par une participation à l'« Olympiade des métiers », Laure est au bord de l'implosion. Elle éprouve les pires difficultés à faire face à cette montagne de propositions qui va culminer, au plus fort de l'intérêt qu'elle suscite, à une centaine coups de fil par jour ! « Elle n'arrêtait pas de pleurer, raconte Marie-Claude Prévitali. Elle ne compre-

Helsinki 06
European

T66
arena

nait pas pourquoi il y avait autant de monde autour d'elle. Elle vivait ça comme une contrainte. Comme une agression permanente. Pour tout dire, elle vivait dans la souffrance. C'était une jeune fille innocente qui n'était pas du tout préparée à cela. D'un seul coup, on lui a demandé de rendre des comptes à tout bout de champ. La médiatisation a contribué à son isolement. Il y a eu une rupture énorme entre sa vie peinarde d'avant et la nouvelle. A tel point qu'elle voulait se marier, faire des petits et tout laisser tomber. » Ou encore changer d'entraîneur et de club, comme par exemple celui de Clichy. Quand les micros parviennent à se tendre, Laure va donc se fermer et laisser paraître une image de jeune fille au visage renfrogné et à l'humeur défensive. Philippe Lucas, lui, tente de juguler la spirale en interceptant les demandes faxées par Marie-Claude Prévitali à la piscine de Melun et à destination de Laure. Quant à Didier Poulmaire, il a décidé d'adopter une tactique beaucoup moins risquée qui vise à abonder en permanence dans le sens de sa cliente. Ce qui ne va pas forcément lui rendre service. « Poulmaire a pris le parti de ne jamais la contredire, explique cette proche du dossier. C'est une tactique pour la garder qui reste encore d'actualité. Mais ce n'est pas en agissant de la sorte qu'il lui a rendu service. Il n'y a jamais eu une personne pour éduquer Laure, pour lui expliquer ses nouvelles responsabilités et par conséquen, la faire grandir. Aujourd'hui, Laure est au même point qu'en 2004. C'est vraiment dommage pour elle. »

Déjà fortement préoccupée par tout ce qui se passe en coulisses, Laure va avoir à gérer sa première grave crise sportive. Alors qu'elle doit retrouver l'équipe de France à l'occasion des Championnats d'Europe de Vienne en petit bassin (9 au 12 décembre), une affaire, pour ne pas dire un psychodrame, va

venir l'ébranler. A l'issue d'une course préparatoire à l'Euro disputée à Nanterre, Laure balance à sa sortie de l'eau un premier scud qui, mine de rien, va avoir l'effet d'une bombe. « Je n'irai pas en Autriche, rien que pour embêter les gens de la fédé. Je retournerai en équipe de France quand j'en aurai envie. J'ai été blessée. C'a m'a cassée. Je ne vois pas pourquoi j'irai leur rendre service, alors que j'aurais pu faire une médaille. C'est dur de voir que ce que je fais ne vaut rien pour eux. »
Eux c'est en particulier lui, Claude Fauquet, le Directeur Technique National. Ce qu'elle et son Pygmalion lui reprochent, c'est d'avoir « osé » livrer dans les colonnes de *L'Equipe Magazine* l'analyse suivante après son record du monde du 1500 m établi en solo : « Les concurrents donnent des repères dans l'eau. Mais là, au moins, le bassin était sans turbulences. » Ce qui signifie, en d'autres termes, que Laure, qui a nagé seule à la Roche-sur-Yon, n'a pas eu à subir les néfastes remous et autres ondulations provoqués d'ordinaire par les nageurs des couloirs d'à-côté. Bref, pas de quoi fouetter une nageuse. Sauf qu'en ces temps troublés, Laure comme Philippe sont particulièrement susceptibles et qu'une flammèche a vite fait de mettre le feu aux poudres.
Si le monde de la natation pense d'abord à une mauvaise blague ou, au pire, à un gros bluff, il va très vite se rendre compte que le couple sportif le plus célèbre de France n'a pas la tête à plaisanter. Les déclarations de Fauquet les ont froissés et l'heure est peut-être venue pour Philippe Lucas, qui est devenu incontournable, de régler publiquement ses comptes avec une Fédération et une direction technique nationale dont les relations n'ont jamais été cordiales. « C'est une honte, peste le technicien chevelu. Ce qu'il a dit est scandaleux. C'est la goutte d'eau qui fait déborder le vase. C'est plus grave que ce

que l'on pense. Il ne respecte pas notre travail et est allé trop loin. Le mal est profond. »
Sans avoir recours au carbone 14, l'origine de ce mal est facile à dater puisqu'elle remonte à 1996, année de l'instauration par Fauquet d'une nouvelle politique de sélection à laquelle Lucas n'adhère pas. En 2001, c'est Lucas qui reprend la main en attirant dans ses filets une future grande -Laure, évidemment- qui aurait pu atterrir dans un des pôles nationaux pour le haut niveau (en particulier celui de Toulouse) mis en place par la Fédération. Deux ans plus tard, la direction technique nationale interdit à Lucas d'assister sa jeune élève aux Mondiaux de Barcelone. Avant les J.O., c'est une histoire de stage non remboursé par la Fédé qui va faire monter la tension d'un cran. Enfin, depuis la fin des J.O. d'Athènes, l'entraîneur de Melun se languit d'une proposition que pourrait lui faire la Fédération pour services rendus à la nation sportive. « On ne se sert pas assez de moi, fulmine-t-il. Je suis prêt à m'investir à fond dans la natation française. Je veux entraîner dans de vraies structures et faire du très haut niveau. J'ai proposé un plan au président de la fédération. Si celui-là échoue, je suis prêt à me casser en Australie ! »[20]
Parce qu'elle touche une championne d'exception, l'affaire va prendre en l'espace de trois jours une ampleur considérable. Après avoir confirmé son forfait pour l'échéance continentale, Laure va d'abord en remettre une couche en menaçant les instances tricolores de prendre la nationalité néerlandaise de sa mère. Fauquet, réputé pour son intégrité, est, lui, abasourdi, sonné comme un boxeur par tant de déchaînement. De son côté, le président de la Fédération, Francis Luyce, file d'urgence à Melun pour tenter de calmer les esprits tandis que Lucas persiste et signe, et exige des excuses du DTN.

Finalement, le soufflet de la crise va retomber aussi subitement qu'il avait pris corps. Incapable d'affronter la presse parce que trop fragile émotionnellement à ce moment clé de sa carrière, la reine des bassins se résout à lire aux radios un communiqué de presse téléphonique. La voix est mal assurée, le contenu plus nuancé que l'avant-veille. « Il n'a jamais été dans mon intention de nager sous d'autres couleurs que celles de la France. », déclare-t-elle, avant de préciser : « Les conditions ne sont pas réunies pour que je donne le meilleur de moi-même (aux Championnats d'Europe). »
Cette dernière phrase qui reste, aujourd'hui encore en suspend, était peut-être la clé de cette affaire. A peine une semaine avant que n'éclate tout ce pataquès, Philippe Lucas m'avait confié lors de ma virée à Melun qu'il était déçu du rendement de sa protégée à l'entraînement et qu'en cas d'échec de cette dernière à Vienne, il « ne savait même pas si elle pourrait s'en relever » ! Sans parler d'excuse bidon tant la capacité de Laure à s'imposer, même en étant émoussée, est énorme, on peut s'interroger sur l'escalade subite des événements. « Lucas est tellement pro et exigeant avec elle que sa fatigue et son usure commençaient peut-être à l'inquiéter. », soulignera Fauquet. Une remarque d'autant plus pertinente que, ne l'oublions pas, Laure ne traversait pas à l'époque la tranche de vie la plus sereine de sa carrière... « Le pire moment de sa carrière, ce sont les quatre mois qui ont suivi le titre olympique de 2004, confirmera plus tard son père. Toute cette agitation autour d'elle. J'ai eu peur qu'on la perde, qu'elle s'éloigne du chemin qu'elle s'était fixé. Nous n'avions plus de prise. Heureusement, tout est rentré dans l'ordre. »[21]
L'année touche à sa fin. Dans dix jours, Laure aura enfin tiré un trait sur ce cru 2004 aux saveurs extrêmes. Savoureux à la

surface, mais au fond bouchonné voire indigeste. Muette depuis l'affaire, la triple médaillée olympique brise le silence lors de sa rentrée en grand bassin à l'occasion d'une manche de la Coupe de France disputée à Lyon. Après la tempête, le calme semble être de retour. Un vent d'apaisement s'est, en tout cas, clairement levé. Laure a pris un peu de recul sur les événements et livre une version juste des faits qui l'ont perturbée depuis quatre mois. « Il s'est peut-être passé beaucoup de choses, mais en tout cas, je peux vous dire que j'ai toujours envie de nager (...) Il y a effectivement beaucoup plus de médiatisation autour de moi, de journaux, de télés et ça, ça m'a fait bizarre (...) J'ai dit que je voulais changer de nationalité sans réfléchir, parce que j'étais énervée (...) C'est le revers de la médaille, mais je crois que si je n'en avais eu qu'une seule et non trois, ça n'aurait pas été pareil (...) J'ai beaucoup plus de pression que d'habitude. Quand j'arrive en compétition, je suis obligée de faire un temps. Les gens et les medias m'attendent. Parfois, à l'échauffement, je ne pense plus à nager, mais aux medias (...) Je ne pense pas avoir changé, si ce n'est que je méfie un peu plus des gens. »[22]

Dans les semaines qui suivront, la dernière victime collatérale de ce grand chambardement post-olympique sera Marie-Claude Prévitali, la chargée de presse de Laure. Lassée du manque d'implication et de la difficulté à faire collaborer le TGV de la natation française avec la presse, cette pro de la com décidera de jeter l'éponge. A défaut de disposer d'une structure à la hauteur de son envergure, Laure se reposera donc, désormais, sur Philippe Lucas pour le volet sportif, et Didier Poulmaire, pour la partie fourre-tout qui comprend les aspects financiers, juridiques et en partie médiatiques. Des prérogatives extra-larges pour un seul homme qui, s'il excelle dans son registre d'origine, montrera vite ses limites dans son répertoire d'adoption…

Toujours au top

En ce début d'année 2005, les plaies post-olympiques commencent tout juste à cicatriser. Comme la meilleure des thérapies expérimentées par Laure reste un bon bain d'eau chlorée, les Championnats de France de Dunkerque petit bassin vont tomber à point nommé. A défaut d'avoir répondu à l'invitation de sa fédération qui l'invitait, en octobre dernier au Lido, à parader aux côtés des trois autres médaillés olympiques d'Athènes (Malia Metella, Hugues Duboscq, Solenne Figués), Laure Manadou est cette fois-ci bien au générique de ces Championnats de France en compagnie de ses compagnons de fortune.

Si l'affiche a de la gueule, le scénario laissera le public sur sa faim. Fatigués, les héros ! A bout de souffle made in France, les vedettes ! Et pour cause. Non seulement la gestion des retombées d'après J.O. a laissé des traces mais, surtout, le carré magique de la natation tricolore doit encaisser en cette période de l'année de grosses charges d'entraînement foncier en vue des Championnats de France de Nancy (13 au 17 avril) puis des Mondiaux de Montréal (16 au 31 juillet). Mais même en panne d'essence, la machine à gagner de Melun met un point d'honneur à s'imposer. Ainsi, comme aux Championnats de France en grand bassin 2003 et 2004, Laure va faire un carton plein en décrochant les titres nationaux sur 400 m, 800 m, 50 m dos, 100 m dos et 200 m 4 nages. Pas suffisant, en tout cas, pour lui redonner le sourire. Au contraire, même, puisque le plat du jour ingurgité généreusement par la gloutonne aura été la soupe à la grimace.

Tout au long de la compétition, la championne sera escortée d'une moue boudeuse et d'une mine revêche. Car si les mauvais jours extra-sportifs commencent à être derrière elle, la réalité sportive est bien d'actualité. Cette réalité, ce sont des épreuves qui froissent l'ego. Des chronos qui ne décollent pas. Des performances en demi-teinte. Bref, c'est Laure sans la manière. Une conception de la performance que ne goûte guère l'intéressée. Toujours la première à s'autoflageller et à prendre sur elle, Manaudou va se justifier à sa manière. « Je pense que je n'ai pas été assez sérieuse à l'entraînement ces derniers temps, avance-t-elle en occultant complètement le tourbillon dans lequel elle a été emporté. C'est une question de motivation. Après les Jeux, c'était dur de reprendre. Certes, je suis en ce moment fatiguée, mais je remarque que je manque de caisse. C'est nul ! Je ne peux pas me contenter de cela car je suis quelqu'un d'exigeant avec moi-même. Maintenant, je sais où j'en suis. Il va falloir que je me remette au boulot. » Son orgueil en a pris un coup. Sa marge de progression s'est figée. C'est donc très paradoxalement ce couac qui va contribuer à la remettre définitivement sur les rails du succès. Et de fait, provoquer l'électrochoc qui va la réveiller et lui faire prendre conscience des efforts à fournir pour rester au sommet de la hiérarchie.

Après une sortie au meeting de Bordeaux assortie de cinq succès en cinq courses (400 m, 800 m, 200 m papillon, 200 m 4 nages, 400 m 4 nages) et une autre à Saint-Germain-en-Laye (six courses, six victoires), Laure s'envole début février en compagnie du groupe d'entraînement de Philippe Lucas en Guadeloupe pour un stage de trois semaines, ô combien salvateur. Dans la success story de la nageuse, jamais stage de travail ne se sera révélé aussi fructueux, réparateur, instructif et décisif. Aux Antilles, la multi-championne de France va d'abord définitivement retrouver le goût du travail. Et c'est bien cela, le plus important. Ensuite, elle va ouvrir un nouveau chapitre à sa vie amoureuse en sortant avec Pierre Henri, partenaire d'entraînement qu'elle a l'habitude de côtoyer au quotidien et qu'elle connaît depuis l'âge de 14 ans. Enfin, elle va avoir le coup de foudre pour sa première séance de photos de mode que lui propose de faire le magazine hebdomadaire *Sport*. Propulsée top model le temps d'un shooting, la nageuse taille mannequin se plie sans rechigner à cet exercice d'un genre nouveau et va dévoiler une nouvelle facette de son talent. Drapée de mousseline soie Jean-Paul Gautier ou parfaitement cintrée dans une veste de kimono de chez Kenzo, Laure rayonne et fait plaisir à voir. Visiblement bien dans sa peau, la triple championne d'Europe arbore un large sourire qui la fuyait depuis six mois. Les blessures post-olympiques sont enfin refermées. Mine de rien, c'est une victoire qui va autant compter que certains métaux précieux accrochés à son coup, d'autant que dans la foulée Laure va recoller les morceaux avec ses parents. En froid avec eux depuis le mois d'octobre, elle estime que l'heure est venue de retisser les liens distendus avec sa famille. « Elle était en dehors du monde et ça nous a fait un bien fou de retrouver la Laure d'avant les Jeux, sympa, rigolote et insouciante. », reconnaît Jean-Luc Manaudou.

De retour en France, l'égérie de la natation tricolore va confirmer l'embellie, voire le renouveau, entrevue de l'autre côté de l'Atlantique. « Partir loin m'a libérée, explique-t-elle. Ca m'a fait du bien d'être éloignée des médias. Depuis, ça va vachement mieux. Je me sens bien dans ma tête, ce qui me permet d'aller plus vite à l'entraînement. J'ai la tête à nager et il n'y a pas de raison que ça ne dure pas. En Guadeloupe, j'ai travaillé dur ce qui m'a permis de rattraper 80 % de mon retard. Je suis sur la bonne voie. Je nage en ce moment quinze kilomètres par jour et je suis contente du résultat. » Clairvoyante et honnête avec elle-même, la femme libérée reconnaît tout de même qu'elle souhaite, à l'issue de cette saison, marquer une coupure nette « de deux mois » avec la natation, histoire de ne pas retomber dans le schéma cataclysmique de la précédente. Elle ose, aussi, dénoncer du bout des lèvres la méthode payante, mais parfois tyrannique de Philippe Lucas. « Mes rapports avec lui sont toujours les mêmes, c'est-à-dire qu'il est toujours aussi exigeant avec moi. C'est normal qu'il s'y prenne comme ça. Il a besoin de crier un peu pour que j'avance. Pour l'instant, ça fonctionne même si je ne pense pas que ce soit la bonne solution d'être trop sévère. Je ne lui en ai jamais parlé, mais je pense qu'il doit s'en douter. On verra bien comment ça se passe à l'avenir… »

En attendant de crever l'abcès, Laure ne souhaite pas bouder son plaisir et va croquer à pleines dents les nouveaux challenges qui s'offrent à elle. A la Vittel Cup de Toulouse, elle relance l'ouverture de la chasse aux records en améliorant sa propre marque nationale du 1500 m en grand bassin (16'27"89) et confirme sa montée en régime à l'approche des Championnats de France de Nancy. « Ce qu'elle fait à l'entraînement est de mieux en mieux, avoue Lucas. Elle se rapproche du niveau qu'elle avait aux Jeux. »

Nancy. Piscine olympique de Gentilly. Pour la première fois depuis les Jeux Olympiques, Laure est au départ d'une compétition majeure. Conférence de presse personnalisée, demandes d'accréditations à la hausse, public en alerte : il y a bel et bien

quelque chose de changé dans le royaume aquatique de France. Depuis l'avènement du phénomène, la vie autour des bassins a gagné en agitation. Quand la star est de sortie, « Bison mouillé » est sur le qui-vive car c'est l'embouteillage de curieux garanti. « Il y a encore plus de monde et plus de micros que d'habitude, observe-t-elle avant d'effectuer le grand saut. C'est un peu stressant. J'espère que ça ne me perturbera pas trop car je ne suis pas encore complètement habituée à voir autant de journalistes. Je respecte leur travail, mais je comprends aussi les sportifs qui peuvent avoir du mal à assumer. »
S'il y a encore deux ans, Laurette pouvait se permettre de bécoter presque sans se faire remarquer son petit copain sur le bord du bassin, aujourd'hui, son statut de nouvelle icône du sport tricolore lui impose davantage de retenue et d'économie d'énergie. D'autant qu'elle devra sacrément doser ses efforts puisqu'elle s'est imposée un programme marathon avec neuf épreuves individuelles (800 m, 200 m papillon, 50 m dos, 400 m 4 nages, 400 m, 200 m, 200 m 4 nages, 1 500 m, 100 m dos) et deux relais (4x200 m, 4x100 m 4 nages). Soit 18 courses en cinq jours de compétition ! Alors, qu'importent les acclamations, l'attente et la ferveur. La moissonneuse-nageuse n'a pas décidé de passer par la Lorraine simplement pour rouler des mécaniques ou prendre le pouls de sa popularité. Laure est là pour s'éclater dans l'eau, repartir de l'avant, parfaire sa condition physique et composer ses billets pour les Championnats du monde. « Elle n'est pas ici pour faire de la promo, confirme Lucas. Elle est ici pour travailler, nager le plus possible et atteindre les objectifs fixés. Il ne faut pas tout confondre. Dans ce contexte, tout le monde devra se montrer pro avec elle, comme elle saura se montrer pro. » Voilà qui a le mérite d'être clair. Et de préciser, en supporter invétéré de

foot qu'il est, et au cas où les fans l'auraient oublié, que Laure est faite de chair et d'os et qu'elle ne peut réaliser un exploit à chacune de ses mises à l'eau : « Il ne faut pas croire que c'est la Zidane de la natation. Laure, c'est plutôt une équipe de foot qui ne peut pas gagner 4-0 à chaque match ! »
Toujours est-il que Laure va sacrément mouiller le maillot tout au long de son séjour nancéien et aller, même, plusieurs fois droit au but. Avec cinq titres de championne de France (50 et 100 m dos, 400 m, 800 m, 1500 m), un record de France (celui du 1500 m pulvérisé de 12 secondes soit 16'16"18), une performance de très haut niveau sur 400 m (meilleure performance mondiale de l'année en 4'06"89) et cinq podiums (2e sur 200 m, 200 m 4 nages, 4x100 m 4 nages ; 3e sur 200 m papillon et 4x200 m), la nageuse de Melun a fait le tri sélectif où elle voulait et mis la gomme quand elle le désirait. A 18 ans, la patronne compte désormais 15 titres nationaux en seulement quatre éditions des Championnats de France. Tout simplement énorme.
Ce qui l'est moins, c'est son attitude hors de l'eau. Ouvertement agacée par la cohorte de journalistes qui l'attend pourtant sagement en zone mixte -cet espace dévolu aux interviewes d'après-courses- Laure va se comporter en diva exaspérée. « Je suis là pour faire des résultats, pas pour parler aux médias. », balance-t-elle le premier jour, avant de remettre ses écouteurs sur les oreilles et de planter tout son monde. Ambiance… « Je suis navrée pour vous mais je ne vais tout de même pas la tirer par les cheveux pour qu'elle vienne vous voir ! », déclare, embarrassée, l'attachée de presse de la Fédération Française de Natation. Impuissante face à cette situation qui la dépasse, la FFN n'est, en effet, pas en mesure de lui imposer quoi que ce soit en championnat national.

Le lendemain, « Droopy Manaudou » qui dissimule de plus en plus sa joie à chacune de ses victoires, lâchera tout de même un peu de lest et daignera aller à la rencontre de ces messieurs dames qui, contrairement à ce qu'elle persiste à croire, ne sont pas des ennemis potentiels. Juste, pour la grande majorité, des amoureux de la natation qui s'efforcent de relater au mieux ses exploits. Et dans le cas échéant, ses échecs puisque cela fait partie du jeu et de la glorieuse incertitude du sport. Jusqu'au dernier jour de compétition, la miss acceptera donc de livrer ses impressions. L'amabilité de base et l'enthousiasme débordant resteront, eux, en option… « Elle est comme ça, dédramatise son mentor. Il n'y a pas de malaise. Tout va très bien. » N'empêche, même le public s'en trouvera courroucé puisqu'il n'hésitera pas à lui lancer à la face « Vas-y Laure, souris ! », mais aussi, « Cache ta joie, Laure ! ». « Après une victoire, elle n'est pas expressive et je comprends que ça puisse paraître choquant, la défend Pierre Henri. Pour elle, c'est comme des championnats régionaux ! Elle a tellement l'habitude de gagner. Elle en a conscience… mais elle s'en fout ! »

Après une semaine de vacances bien méritées, puis un break très VIP au Grand-Prix de Monaco où elle croisera, notamment, l'Espagnol futur champion du monde, Fernando Alonso, et le mythique Zinedine Zidane, puis une virée au Festival de Cannes où elle montera les marches du Palais en compagnie de son chéri, Laure va poursuivre d'arrache-pied sa préparation en vue des Mondiaux de Montréal.

Rassurée par deux titres secondaires glanés sur 400 m et 50 m dos aux XVe Jeux Méditerranées disputés à Alméria, en Espagne, elle sent néanmoins la pression monter. L'année qui vient de s'écouler et qui prendra fin au lendemain des Championnats du monde de Montréal a été longue, complexe, éreintante, parsemée d'embûches et minée d'écueils. Mais au final, Laure sait mieux que quiconque qu'on ne lui trouvera aucune circonstance atténuante et que seule la victoire ou plutôt la confirmation de son incroyable talent au plus haut niveau sera belle. « Je crois en elle, pronostique l'entraîneur de Pieter van den Hoogenband, Jacco Verhaeren, rencontré à l'Institut National des Sports et de l'Education Physique (INSEP). Elle peut rester au top pendant dix ans, mais ça ne dépend que d'elle. Car toute la question est de savoir si elle veut rester au sommet. »

L'étendue de cette question, Laure s'y trouve confrontée dès son premier jour de compétition. Sans round d'observation, ni mise à l'eau préalable, la triple médaillée d'Athènes débute d'emblée par l'épreuve qui l'a consacrée « déesse d'Olympie » : le 400 m. Mais amorcer les Mondiaux par sa distance favorite n'a rien d'une offrande. Laure se sait épiée, scrutée, attendue au tournant. Et le poids de l'enjeu est à deux doigts de la faire couler à pic. Nantie du meilleur temps mondial au départ des séries, la Française signe à l'arrachée le huitième et dernier chrono qualificatif pour la finale du soir. Un vrai coup de massue. « Elle n'y était pas vraiment, avoue Lucas. Elle a un peu balisé. Elle était attendue et c'est une situation qu'elle n'a jamais connue. Le stress l'a tétanisée. »[23] Un murmure parcourt les travées. Et si l'invincible dame de France n'avait pas les épaules assez larges pour assumer son statut de leader mondial du 400 m ? Et si, tout simplement, elle ne s'apprêtait pas à vivre le premier échec retentissant de sa carrière ?

C'est l'esprit plombé et chargé d'incertitudes que Laure effectue son retour à la piscine du parc Jean-Drapeau pour y disputer la finale. Bien avant de s'y échauffer, elle a droit à un tête-à-tête intimiste et improvisé qui va la rebooster. « Je l'ai prise entre quatre yeux, raconte Philippe. J'ai fait mon boulot de coach. On s'est isolés complètement. On a beaucoup parlé. Je me suis occupé d'elle. » Depuis les Jeux d'Athènes, le couple battait de l'aile. Mais c'est finalement dans cette extrême difficulté sportive que le duo va recoller les morceaux pour ne plus faire qu'un. Comme jadis. Avec en prime, une caresse d'une infinie délicatesse laissée par Lucas sur la joue de sa pépite.

Isolée à la ligne d'eau numéro 8 -la plus mauvaise avec la 1- la nageuse banale du matin va se muer en « tueuse » du soir, pour reprendre le qualificatif consacré de son entraîneur. A l'ancienne, Laure prend ses responsabilités, fonce sans se soucier du reste et finit par toucher le mur la première. Championne du monde ! Vu le contexte, l'exploit est monumental. On la savait bourrée de talent et blindée au mal, on la découvre dotée de nouvelles ressources car il y a une heure à peine, on ne donnait pas cher de sa peau. « Je suis admiratif, lâche son protecteur. C'est une grande, car elle revient quand même du fond de la mine. Ce qu'elle vient de réussir est extraordinaire. » Et le mot n'est pas galvaudé.

Puisqu'il était dit que ces Mondiaux seraient ceux de toutes les surprises, Laure va écraser une larme sur le podium au moment de la Marseillaise, avant d'en broyer plusieurs autres quand le speaker lui tend le micro. Ce n'est rien, mais c'est déjà beaucoup pour une bête froide comme elle qui ne trahit jamais ses émotions et pour un public forcément voyeur, mais ravi de voir l'image trop souvent figée de la belle s'adoucir. Pour ne pas dire s'humaniser. « J'ai eu bien plus d'émotions ici qu'à Athènes, admet celle qui, à 18 ans, a désormais raflé tout ce qui est possible de gagner. J'ai pleuré de bonheur, mais aussi de soulagement. Je crois bien que c'est la première fois que je pleure parce que je gagne. En tant que championne olympique, j'avais pas

mal de pression. Il ne fallait pas que je me rate. J'ai montré à ceux qui ne croyaient pas en moi que j'étais capable d'assumer. »
Les messages de félicitations pleuvent. Jacques Chirac, qui l'a faite Chevalier de la Légion d'Honneur huit mois plus tôt, s'étend sur son « immense talent », tandis que Dominique de Villepin salue « la force de caractère et la résistance à toute épreuve ». Dans la nuit qui suit, certains SMS envoyés de France iront même jusqu'à interrompre le sommeil de la belle à plusieurs reprises.

Complètement vidée nerveusement, la nouvelle championne du monde du 400 m nagera le lendemain un 1500 m pour la forme, puis se mettra au service du 4x200 m tricolore. Et basta ! L'heure des vacances a sonné. Pas celles qui n'en portent que le nom et qui n'ont jamais permis à Laure de se régénérer. Non, de vraies vacances, bien pesées où sieste et farniente rivalisent de légèreté. Cinq semaines d'été en pente douce : Laure en a rêvé, Lucas l'a fait…

La businesswoman

C'est en cette année 2005 que Laure va commencer à s'octroyer une infime, mais notable part du gâteau nappé de sauce business que se partagent d'ordinaire footballeurs, tennismen, basketteurs, golfeurs ou autres pilotes de sports mécaniques. Onze mois après son sacre olympique et quelques semaines après sa consécration mondiale, la championne peut commencer à faire les comptes. Avec son image de gagneuse doublée d'une touche de fraîcheur et d'un zest de glamour, la demoiselle a les annonceurs à ses pieds. Mais comment ignorer le début et ne pas s'attarder sur le flair d'Arena, l'équipementier qui a cru en elle dès 2001.
En réalité, c'est Philippe Lucas lui-même qui, en mai, recommande à Arena de l'intégrer dans son team. Quatre mois plus tard, la jeune fille, qui n'a pas encore 15 ans, en fait officiellement partie et se voit attribuer quelques primes à la performances et autres bonus. En février 2003, Laure participe en maillot de bains à la première séance photo de sa jeune vie. Deux mois plus tard, Arena réactualise pour la première fois son contrat après sa razzia de titres nationaux à Saint-Etienne : un titre olympique est tarifé 24 000 euros, une couronne mondiale 15 000, un sacre européen 7 500 et une médaille d'or aux Championnats de France 6 000. Par la suite, le contrat de Laure, qui court jusqu'au 31 décembre 2008, sera significativement revalorisé à trois autres reprises.

Mais le tournant de ce partenariat historique, c'est en novembre 2004 qu'il a lieu lorsque Arena décide de lancer une collection Laure Manaudou dont la griffe sera le papillon tatoué sur son épaule droite. La styliste en herbe a un droit de regard sur ses produits. Elle propose, oriente, fait part de ses souhaits, choisit les formes et les couleurs. La gamme « Catch me if you can » (« Attrape-moi si tu peux ») fait un carton : + 24,6 % de chiffre d'affaires pour la marque dès l'année suivante. Et pour l'intéressée, un confortable intéressement sur les ventes. « Laure incarne non seulement les valeurs du sport, mais aussi celles d'une jeune femme épanouie qui incarne la jeunesse et la féminité d'aujourd'hui. Pour nous, c'est l'ambassadrice idéale. », explique Nicolas Préault, Directeur Général d'Arena France.
Malheureusement, rien n'indique que ce soutien sans faille et que cette association de tous les instants perdure. Malgré une prolongation de contrat de quatre années supplémentaires, signée le 27 juillet 2007 par Laure elle-même dans des conditions qui restent encore à élucider (l'affaire a été portée devant les tribunaux), Adidas, Nike et Puma restent à l'affût. Prêts à sauter sur cette proie en or. Pour avoir droit de parole à la table des négociations, maître Didier Poulmaire aurait fixé la mise à 400 000 euros par an (soit 100 à 150 000 euros de plus que ce qui lui verserait Arena). Les surenchères attendraient déjà les 800 000 euros. Affaire à suivre.
Lastminute.com, le voyagiste en ligne, est le deuxième partenaire à l'avoir fait signer (jusqu'au 31 décembre 2008). En échange, Laure ne touche pas d'argent, mais peut disposer de tous les moyens de transport (avion, train, voiture) et d'hébergement qu'elle souhaite, aussi bien dans le cadre d'une compétition, d'un stage ou d'une virée personnelle, et même d'une interlocutrice en cas de problème logistique ou hôtelier !

Dans le milieu de la pub, le contrat passé en avril 2005 (jusqu'en 2009) entre Laure et Lancel va faire l'effet d'une bombinette. Contre toute attente, la marque de bagagerie de luxe décide d'associer son prestige à celui d'une sportive. « Comme nous souhaitions rajeunir la marque et qu'elle avait une image de jeune fille saine, sportive et sensible à l'univers de la mode, nous n'avons hésité », raconte Isabelle Brulier, directrice des relations publiques. Et là encore, la jeune ambassadrice va avoir droit à toute une ligne de bagages et de sacs à main qui porte sa griffe et sur laquelle elle touche des royalties. « C'est une jeune femme dans l'air du temps, poursuit Marc Lelandais, le PDG de la marque. Elle est l'incarnation parfaite de la femme active, glamour, naturelle et séduisante. »

Puisque c'est l'ère du multimédia, Laure s'engage en mai 2005 avec Sporever, la société éditrice de contenu sportif sur web et mobile de Patrick Chêne, l'ancien directeur des sports des France Télévisions. Cet accord d'un an reconductible tacitement prévoit l'hébergement du site de la star www.lauremanaudou.com ainsi que la gestion de ses droits liés à la nouvelle technologie, comme la téléphonie mobile avec Orange. Par ricochet, Laure devient, en novembre 2005, la marraine du multicoque de 60 pieds Orange-Project des frères Ravussin qui participeront, notamment, à la Transat Jacques Vabre.

Enfin, cette année 2005, décidément, très prolifique, est également marquée par la signature d'un contrat de 8 ans avec EDF, qui est très investi dans les sports d'eau et le développement durable. Mais aussi avec la Société des Bains de mer de Monaco qui a fait de la nageuse son ambassadrice « bien-être » en échange d'un soutien financier à « LM la vie », l'association créée par Laure pour permettre à des enfants malades de réaliser leurs rêves.

Plutôt que de transformer Laure en femme sandwich, Didier Poulmaire adopte dès le début de l'ébullition une stratégie à laquelle il ne dérogera jamais. « Soit on prend tout ce qui se présente et cela nuira à son image, détaille l'avocat-conseil, soit on construit un plan à long terme d'au moins quatre ans qui assure son avenir. Moi, je milite pour le second choix, que j'appelle l'accompagnement durable du sportif du haut niveau. Le sponsoring citoyen. Ensuite, nous nous fixons deux conditions avant de signer un contrat. D'abord que cela plaise à Laure. Ensuite, que la marque respecte le cœur de la vie de Laure à savoir le sport, l'entraînement et les compétitions. Les contreparties des sponsors sont limitées et bien définies car les journées de Laure sont tellement chargées qu'elle ne peut se disperser et répondre à toutes les sollicitations. »
Ainsi, des centaines de grandes marques de voitures, de produits alimentaires (riz, salade, confiserie,...), de vêtements, de literie ou encore de montres vont désespérément rester sur la touche. Les autres, elles, peuvent se frotter les mains car les différents sondages de notoriété et autres études marketing vont prouver que Laure est une valeur sûre. « Elle est l'athlète qui jouit de l'image la plus positive, explique Gilles Dumas, patron du cabinet de marketing dédié au sport, SportLab. Son image est saine. C'est l'anti-Kournikova (ancienne joueuse de tennis sexy qui n'a jamais rien gagné). On l'aime d'abord pour sa manière d'être et de gagner, plutôt que pour son physique et ses résultats. »[24]
« C'est une femme dans l'air du temps, l'égérie idéale pour une marque qui veut renforcer sa notoriété auprès des jeunes »[25], poursuit Lucien Boyer, PDG de Havas Sport. « De nos jours, les sponsors souhaitent un retour sur investissement très rapide et donc une exposition médiatique très intense, ren-

chérit Annick Aviérinos, ancienne agent de Marie-José Pérec aujourd'hui à la tête de l'agence de communication Athletica. Tous les sponsors veulent signer avec Laure car ils sont sûrs d'obtenir rapidement ce retour sur image. » « Laure est devenu un modèle quasi unique depuis la retraite de Zidane, conclut Poulmaire. Certaines offrent qui lui étaient destinées hier nous parviennent aujourd'hui. »

Les retombées en terme d'image ne valorisent pas seulement l'individu qui se trouve en bout de chaîne. Le cas de l'homme d'affaires François Pinault en est l'exemple le plus flagrant. En mars 2007, le groupe français de luxe et de distribution PPR (anciennement Pinault-Printemps-Redoute) annonce à la surprise générale que son fondateur a décidé de s'engager personnellement auprès de Laure, via Artémis, la holding patrimoniale présidée par son fils François-Henri. Nature du deal : un million d'euros par an pendant cinq ans… sans contrepartie ! « Il s'agit bien d'un mécénat, assure-t-on. Laure n'aura aucune obligation. » Par « coup de cœur » pour cette Française qui gagne et qui pratique « un sport où il n'y a pas de moyens financiers énormes », le milliardaire breton a décidé de mettre la main au portefeuille. Incroyable mais vrai. Et pour la petite histoire, c'est Michel Drucker qui a sensibilisé Pinault au cas Manaudou jusqu'à jouer les entremetteurs.

Après avoir amassé en 2005 entre 600 et 650 000 euros (hors primes liées aux résultats), puis 1 à 1,5 million en 2006, Laure Manaudou devrait effectuer une jolie bascule cette année en empochant près de 2,5 millions d'euros. A des années-lumière des autres nageurs, mais à distance encore très respectable des Tony Parker, Thierry Henry et compagnie qui culminent à presque 14 millions d'euros.

Pour gérer ce joli pactole qui se transforme au fur et mesure en

véritable trésor de guerre, Laure a créé en 2005, sur les conseils de son avocat, une société nommée Swimming Dream. Hier gérante, aujourd'hui salariée, l'apprentie businesswoman y verse toujours les droits d'image de ses différents partenariats afin d'alléger de manière substantielle le montant de ses impôts sur le revenu. Mais malgré cette parade fiscale, la demoiselle n'est pas intéressée pour un sou par l'argent. « Je n'ai jamais nagé pour l'argent, toujours pour le plaisir. », se défend-elle. Tout juste a-t-elle pris conscience qu'en bien nageant, elle contribuait à se mettre financièrement à l'abri pour les années futures. « Elle veut simplement nagé et vivre des trucs d'une gamine de 20 ans, raconte ce membre du staff de l'équipe de France. Les affaires de fric, elle s'en fout ! »
Le seul intérêt qu'y trouve cette victime de la mode, finalement, c'est de pouvoir en disposer quand elle l'entend. Comme, par exemple, pour s'acheter de manière quasi compulsive une flopée de jeans taille basse, les dernières tendances vestimentaires ou faire une razzia avenue Montaigne chez Dolce & Gabbana et Dior. Mais jamais pour en mettre plein la vue ni verser dans l'indécence.

Une femme libérée

Décompresser, récupérer, se faire oublier. Après cinq semaines de vacances passées, pour l'essentiel, à Sainte-Marie, dans le pays Bigoudin, en compagnie de son breton de chéri, Pierre Henri, Laure Manaudou peut être satisfaite de ses vacances. Les trois buts qu'elle s'était initialement fixés ont été atteints et la coupure totale avec la natation lui a fait le plus grand bien. C'est donc une Laure parfaitement régénérée, aussi bien physiquement que mentalement, qui reprend l'entraînement début septembre. L'envie, la bonne humeur et la discipline sont au rendez-vous. Un vrai régal pour Philippe Lucas qui va ainsi pouvoir ménager son palpitant et ses cordes vocales.
« Elle est revenue dans un bon état d'esprit, confirme-t-il. Elle s'entraîne bien et j'espère que cela va durer. Elle est sérieuse. Ca se voit au quotidien, notamment à son implication. Du coup, je m'occupe moins d'elle. Je la laisse davantage respirer. Il faut aussi qu'elle se prenne un peu en main. Mais je garde quand même un œil sur ce qu'elle fait et si ça ne va pas, je lui dis. »[26]
L'élève appliquée savoure ce retour à la normale et cette « liberté conditionnelle » accordée par son supérieur. Concrètement, Lucas expose son programme en début d'entraînement puis la laisse face à ses responsabilités. Laure joue le jeu, respecte les séances comme les répétitions d'exercice à la lettre. Idem pour la musculation. Tout va pour le mieux dans le meilleur des mondes.

Hors des bassins, Laure retrouve également une vie paisible. Si elle ne peut définitivement plus passer inaperçue, elle s'est faite beaucoup plus discrète sur la scène médiatique d'autant que les sollicitations en tout genre sont nettement moins oppressantes qu'au lendemain des Jeux. « J'ai vraiment l'impression de pouvoir vivre », avoue-t-elle. Alors, elle savoure de nouveau le temps libre, se balade en toute liberté, ne saute plus la sacro-sainte sieste de début d'après-midi et prend le soin de se reposer. Elle se remet également au dessin et à la peinture, deux de ses hobbys d'antan, et s'amuse à reproduire des photos d'animaux ou des natures mortes. Cinéphile avertie tombée sous le charme du « Grand Bleu » ou, dans un autre registre, de « Chok Dee », elle va au cinéma ou regarde des films sur DVD. Elle surfe aussi sur internet, consulte ses mails, va sur des forums consacrés à la natation, « chate » sous le pseudo « Mamadou » avec ses copines, ses deux frères ou encore ses cousines, alimente son blog et consulte les messages laissés pas ses fans sur son site officiel. En revanche, pas de lecture de journaux d'information générale, de romans ou d'essais. Pas vraiment sa tasse de thé, à vrai dire... Le soir, s'il n'y a pas de restaurant entre potes au programme, elle apprécie de rester chez elle et écouter de la musique venue plutôt d'outre-Manche, comme celle des Cranberries, U2 et Coldplay. Depuis qu'elle a emménagé à Melun avec Pierre Henri et leurs deux chats dans une maison située sur les bords de la Seine, Laure aime, en effet, passer du temps dans son nouveau cocon. Mais quoiqu'il arrive, qu'elle soit dedans, dehors, dans l'eau ou en représentation, Laure cadence toutes ses journées au rythme des textos envoyés. Surnommée par ses meilleures amies « Miss SMS » ou « Madame Téléphone », la jeune fille, qui se définit elle-même comme « une pro des SMS », tape ses mes-

sages sans regarder le clavier et peut en envoyer jusqu'à 50 par jour ! Sans compter les coups de fil qu'elle peut passer ou recevoir sur son portable ouvert de 6 h à minuit.
« C'est sûr que je n'ai pas la même vie que les autres filles de mon âge, précise-t-elle. Pendant qu'elles sont en cours, moi je nage. Le week-end, je ne suis pas tentée par les sorties en boîte. Mais je suis comme elles. Je vis dans le même monde. J'ai les mêmes envies. J'adore tout ce qui parle de mode ou d'esthétisme. C'est une vraie passion. J'adore faire du shopping. Je rêve aussi de belles robes en feuilletant les magazines ou en regardant les défilés à la télé. Et puis, comme la plupart des jeunes, je me sens moi aussi concernée par la protection de l'environnement, la nature et l'avenir de notre planète. »
Après deux mois d'expérimentation d'un nouveau programme d'entraînement, qui la fait néanmoins toujours suer 16 kilomètres par jour et plonger dans l'eau onze fois par semaine, Laure effectue une rentrée réussie, fin octobre, au meeting de Rouen, sur 100 m nage libre, 100 m brasse, 100 m dos, 100 m papillon ainsi que deux relais. A première vue, Lucas a une nouvelle idée derrière la tête. Si, pendant trois ans, c'est la nage libre et le demi-fond qui étaient privilégiés, il semblerait que son nouveau plan travail soit axé sur une polyvalence accrue. En attendant d'être mise au courant, Laure, qui vient de devenir la marraine de Tom, le premier enfant de Lucas, fait plaisir à voir. Epanouie, heureuse de nager, elle pousse même le bouchon jusqu'à se montrer avenante, voire drôle avec les journalistes. La Manaudou nouvelle serait-elle arrivée ?
Sportivement parlant, la réponse est non. Laure est restée une insatiable bête de compétition et avaleuse de records. Ainsi, fin novembre, elle va battre à la Roche-sur-Yon -décidément un bassin fétiche- son propre record de France du 800 m (8'22"89

contre 8'23"03). Avant de réaliser un nouveau one woman show aux Championnats de France en petit bassin de Chalon-sur-Saône. Engagée sur sept épreuves, la championne toutes catégories va s'imposer sur six d'entre-elles. Et donc rafler six nouveaux titres nationaux (200 m, 50 et 100 m dos, 200 m 4 nages), avec une mention très spéciale pour le 400 m et le 800 m . Sur la première distance citée, la reine du 400 m a la gourmandise de battre le record d'Europe (4'0"20 contre 4'1"26). Dans la seconde, elle pulvérise sa propre marque nationale (8'18"58 contre 8'22"89).

Mais au-delà de ce nouveau festin gargantuesque, ce qui frappe, une fois encore, c'est son changement d'attitude. L'an passé, à pareille époque, Laure « Droopy » Manaudou servait à volonté la soupe à la grimace à chacune de ses sorties. Distante et détachée des événements, elle faisait peine à voir et ne nageait vraiment pas dans le bonheur. Un an plus tard, Laure a fendu l'armure. Autre temps, autre amour. Autre pression, autre influence. Délestée de certaines contraintes, comblée par son homme et vaccinée contre la déferlante médiatique, la championne olympique semble avoir mûri. Et a surtout retrouvé ce malicieux sourire qui lui va si bien. « Elle est mieux dans sa peau et fait plaisir à voir, confie l'une de ses proches. Pas mal de choses ont changé en elles. Elle est plus sereine, plus souriante, plus épanouie. Elle évolue vraiment bien. Même si elle a encore du boulot à faire, notamment avec les medias, j'estime qu'elle est au milieu du chemin. En tout cas, je trouve qu'elle joue de plus en plus le jeu. » « Je dois que reconnaître que je suis moins agressive que l'an passé à pareille époque, répond-elle en écho. Il y a moins de medias autour de moi. Moins d'agitation. Je me sens épanouie. »

Elle qui se contrefichait douze mois auparavant de ce qui pouvait être dit ou écrit sur son compte a même été surprise, à plusieurs reprises, à dévorer quelques articles qui lui étaient consacrés. C'est dire l'avancée des progrès ! Finalement, le seul couac à cette fructueuse campagne nationale de trois jours sera venu de son vote par SMS en faveur d'Ely, la malheureuse demi-finaliste canadienne de la Star Academy 2005. Comme quoi, Laure ne peut pas gagner à tous les coups !

Chez Laure, un sursaut d'orgueil succède en général toujours à une contre-performance. Avec la défaite d'Ely, et par conséquent un peu la sienne, on pouvait donc s'attendre, une semaine plus tard, à une réponse pleine d'éclat de sa part aux Championnats d'Europe en petit bassin de Trieste, en Italie. L'issue de la Star Ac n'y est évidemment pour rien, mais la réaction de Laure fut d'une violence inouïe pour ses adversaires. Sur 800 m, la Française va harponner le record du monde de la spécialité en giflant l'ancienne marque mondiale et en atomisant son propre record de France pour le porter à 8'11"25. Sur 400 m, rebelote, et nouveau coup double à savoir titre et record du monde (3'56"79) ! Une fois de plus, Laure se dit « surprise » et avoue que c'est « le stress de ne pas arriver première » qui l'a fait nager vite ! Enfin, sur 100 m dos, nouveau titre continental assorti d'un nouveau record de France (58"12).

Trois titres européens en petit bassin, deux records du monde, un record d'Europe et trois nouvelles lignes à son palmarès : pour ses premiers Championnats d'Europe en petit bassin, Laure n'a fait pas dans la dentelle. « Je suis meilleure que l'année dernière, reconnaît-elle. Ces deux derniers mois ont été exceptionnels. » « Elle est extraordinaire… surhumaine ! », osent ses parents. « Ce qu'elle a fait est magnifique. », juge même Zinedine Zidane. Le monde, lui, reste sans voix, car à

court de superlatifs. « Mais il faut rester concentré, prévient Lucas. Les titres, les records, les victoires, c'est bien joli, mais tout cela se joue à peu de choses. Il ne faut donc pas commencer à partir dans tous les sens. »
Avant de passer neuf jours de vacances à Ambérieu et en Bretagne, de croquer dans la bûche de Noël et de se permettre de prendre du rab de foie gras, l'un de ses péchés mignons avec la raclette et la salade de chèvre chaud, la valeur sûre de la natation tricolore effectue un dernier plongeon lors des Interclubs d'Ile-de-France disputés à Mennecy… via un crochet par Dammarie-les-Lys où elle rend visite aux Star Académiciens dans leur château, puis un autre par la Plaine-Saint-Denis pour le prime time du vendredi.
Mais pas le temps de digérer. Dès le 1er janvier 2006, Laure et ses partenaires de souffrance sont de retour dans le bassin de Melun. Après cinq succès en cinq courses à Bordeaux, Laure affole déjà les chronos fin janvier à Chamalières. Vexée qu'on glose sur sa défaite enregistrée sur 200 m 4 nages -un territoire qui n'est pourtant pas le sien- neuf mois plus tôt, aux Championnats de France de Nancy face à la jeune niçoise Camille Muffat, l'ondine de Melun va se venger à sa manière. Par chrono interposé en kidnappant le record de France de sa brillante cadette (2'14"29 contre 2'14"84). Et toc ! « Je la connais bien, s'amuse Lucas. On n'a pas eu besoin d'en parler avant. Je savais qu'elle était partie pour faire mal. Je l'ai vu tout de suite, c'était écrit dans ses yeux. Ca prouve qu'elle a ce petit truc à part que possèdent les grands comme Pérec ou Douillet. » Sur sa lancée et parce que la polyvalence semble bien être un nouvel atout dans son jeu, Laure annexe dès le lendemain le record de France du 400 m 4 nages (4'45"84 contre 4'47"13). Avec désormais sept records de France indivi-

duels en sa possession en grand bassin et cinq en petit, elle totalise douze records sur trente-cinq possibles. Soit plus du tiers à elle seule ! Du jamais vu dans toute l'histoire de la natation française. Plus que jamais, la toute-puissante règne donc en despote sur les tablettes nationales. Et ne peut s'empêcher d'étendre sa domination sur de nouveaux territoires quand ses rivales, elles, n'ont que leurs yeux embués pour constater les dégâts.

A quelques semaines des Championnats de France de Tours (10-14 mai), un grain de sable vient tout de même gripper la machine Manaudou. Victime d'une tendinite chronique à l'épaule gauche, Laure lâche prise à Mulhouse en s'inclinant - fait rarissime- sur 800 m et 1500 m. « Ah, ça vous plaît, ça les journalistes de me voir perdre, s'emporte-t-elle. Mais moi aussi, j'ai le droit de perdre même si ça m'énerve qu'on parle de défaite parce que c'était pas des Championnats du monde ! » Mais la tempête dans le verre d'eau chloré va bien vite se tasser. A Toulouse, un mois plus tard, la battue d'un jour claque un chrono de valeur planétaire sur 400 m et un autre ultra convaincant sur 200 m, à 45 centièmes d'un nouveau record de France qui ne lui appartient pas encore…

Si la Française des Jeux est à court d'idée, elle peut toujours plancher sur un concours de pronostics sportifs d'un genre nouveau. Après « Cote et match », « Cote et Laure » ferait un carton chez les buralistes. La règle du jeu ? Deviner le nombre de titres et records que la jeune femme va détrousser aux Championnat de France car depuis trois ans, on connaît la chanson. « Allez, qui c'est la plus forte, évidemment c'est Laurette ! ». Oui, mais dans quelle proportion ? Telle est la question ou plutôt la thématique d'un jeu qui, calé sur les éditions précédentes, aurait accouché des résultats suivants :

Saint-Etienne 2003 : 5 titres, 4 records ; Dunkerque 2004 : 4 titres, 4 records. Dunkerque 2005 (petit bassin) : 5 titres, 1 record. Nancy 2005 : 5 titres, 1 record. Chalon-sur-Saône 2005 (petit bassin) : 6 titres, 2 records. Quel sera son bilan cette fois-ci à Tours ? Faites vos jeux !
Toujours aussi bien dans sa peau et dans sa tête, la miss attaque, sereine et radieuse, son marathon de huit épreuves à nager en cinq jours par un premier titre de championne de France sur 800 m. Et un ! Le lendemain, elle s'approprie ceux du 400 m 4 nages (assorti d'un nouveau record de France en 4'40"06) et du 50 m dos. Et trois, plus un record ! Deux jours après, elle varie les plaisirs en muselant ceux du 200 m (avec à la clé un nouveau record de France en 1'57"81) et du 200 m 4 nages (là aussi avec une nouvelle marque nationale portée à 2'12"41). Et cinq, plus trois records ! Le dernier jour, elle conclut son récital par un nouveau titre sur 1500 m et un ultime doublé sur 100 m dos (nouveau record de France en 1'01"73). Et sept, plus quatre records ! Mais dans ce jeu où la maîtrise de l'addition compte autant que l'appréciation des chronos, Laure va réaliser un numéro complémentaire absolument sidérant.
A force de tutoyer l'exceptionnel depuis plusieurs mois, l'histoire ne pouvait s'achever que de la sorte. Autrement dit, par un record du monde du 400 m que les spécialistes lui prédisent depuis bientôt deux ans. Ainsi, en plein milieu de ces Championnats de France, Laure va évoluer l'espace de quatre minutes sur une autre planète. Sur sa distance de prédilection, « l'usine à records » va fabriquer son plus bel ouvrage. Un pur moment de magie où le temps suspend son vol pour magnifier l'exploit. En 4'3"03, la championne olympique ôte 82 centièmes au record du monde de la distance que détenait depuis bientôt 18 ans l'Américaine Janet Evans et s'approprie son pre-

mier record du monde en grand bassin, la seule référence qui compte vraiment aux yeux des puristes. Le public est ébloui devant tant de grâce. Même la vieille caméra VHS des parents Manaudou, présents dans les tribunes, n'en croit pas sa focale et va rendre l'âme. Le choc émotionnel, sans doute.
L'instant est historique. Jamais plus depuis trente-deux ans et Alain Mosconi sur 400 m un Français ne s'était approprié un record du monde en grand bassin. « L'équipe de France de foot a Zidane, nous on a Laure ! déclare, dithyrambique, Claude Fauquet, le directeur technique national. On est abasourdi devant ce qu'elle fait, on se demande où elle va s'arrêter. Dès les premiers jours, elle était béton. On ne l'avait jamais sentie aussi forte. Le record du monde Laure, c'est comme quand j'ai vu Bob Beamon sauter 8,90 m à la longueur (aux J.O. de Mexico 1968) quand j'étais ado. Ce sont des trucs qu'on vit une fois dans sa vie. Ce sont des rêves d'enfant qui se réalisent. Il faut écarquiller les yeux, profiter de cette période extraordinaire. C'est une date de l'histoire du sport. Elle est maintenant parmi les grands du sport français. C'est d'ores et déjà une légende. Il n'y a presque plus rien à dire. C'est une chance pour le sport français. Un bonheur, même ! » Au fait, pour remporter le « Cote et Laure » 2006, il fallait pronostiquer 8 titres et 5 records. Assurément, une très grosse cote.
« Si une autre nageuse que moi avait un tel palmarès, je serais forcément admirative, reconnaît l'intéressée. Mais vu que c'est moi, je ne m'en rends pas trop compte. » A tel point que son record du monde la laissera presque de marbre, elle dont on croyait que le nouvel état d'esprit finirait par se traduire par un enthousiasme bien plus démonstratif. « Ce record, je ne l'ai pas célébré et je m'en fous, glisse-t-elle un brin provocatrice. Après chaque record, je remets les compteurs à zéro. Je n'avais

donc aucune raison de monter de joie sur le plot et de lever les bras ! Ou de boire le Champagne et faire la fête. Même pour un record du monde. » Dont acte.

Avec cette nouvelle empreinte posée dans l'histoire de la natation, Laure a fait le plein de confiance à l'approche des Championnats d'Europe de Budapest. Car après avoir pris l'habitude de tout phagocyter en France, la cannibale de Melun souhaite tester cette manie à l'échelon européen. Tout à la fois par ambition démesurée, goût du jeu, peur de l'ennui, soif d'innovation et envie d'entrer dans une nouvelle dimension. En Hongrie comme à Tours, la championne multicarte multipliera donc les départs et les assauts à la conquête du plus que parfait. Huit épreuves et dix-sept plongeons sont inscrits à son programme. Même pas peur. Bien au contraire. « Quand j'arrive dans les compétitions internationales, il faut que mes adversaires pensent que je suis impossible à battre pour qu'elles soient un peu découragées d'avance, dit-elle. C'est aussi pour cela que j'essaye d'être imbattable. »

Après une entrée en matière complètement ratée sur 400 m 4 nages (élimination en séries), « Laure-dinaire » va redevenir « Wonderwoman ». Affûtée comme jamais, délestée de quatre kilos et fuselée comme un mannequin, la super championne remporte avec une facilité déconcertante le 800 m et s'offre la luxe de battre le record d'Europe détenu depuis 1987 par l'ex-Allemande de l'est Mohring (8'19"29 contre 8'19"53). A l'arrivée comme sur le podium, Laure sourit à pleines dents, tire la langue, montre ostensiblement son piercing, fait le V de la victoire, chahute avec le camp bleu situé dans les tribunes et fait preuve d'une décontraction qu'on ne lui connaissait pas en pareille occasion. Ces instantanés font plaisir à voir. Mais d'autres encore, tout aussi inédits, finiront le lendemain dans le boîtier des photographes.

A l'issue de sa victoire sur 200 m 4 nages, Laure, hilare, gratifie le public d'une « Thuram », pouce et index calés en angle droit sous le menton, à l'image du geste du défenseur français réalisé, après son deuxième but, en demi-finale de la Coupe du monde 1998 face à la Croatie. Toujours devant les photographes, la perle de Melun fait mine de croquer dans sa nouvelle médaille d'or acquise sur 100 m dos. Avec voracité et sans complexe, depuis qu'elle a subi au printemps, sur les conseils d'Isabelle Brulié, la directrice des relations publiques chez Lancel, une intervention dentaire pour remplacer le vide disgracieux causé par l'absence d'une canine. « C'est mieux de rigoler et de sourire même avant la course, explique-t-elle. C'est même marrant de faire des petits signes à la caméra pour honorer les paris que j'ai pris avec les nageurs et les nageuses. Depuis le début, ils viennent me voir et me disent. « Fais ça cet après-midi quand tu passes à la télé pour voir si t'es capable. » Ca me met de bonne humeur et ça met de l'ambiance dans l'équipe. C'est bien pour moi et pour l'équipe aussi qui me voit changer car généralement, je suis quand même assez froide. »[27]

Enfin, Laure va même jusqu'à savourer sans modération la médaille de bronze acquise avec ses partenaires du relais 4x200 m, elle qui a plutôt l'habitude de jeter ce genre de métal aux orties car jugé indigne de son talent. Alors comment expliquer une telle métamorphose ? « J'ai pris conscience que certaines personnes venaient de loin pour me voir, explique-t-elle. J'essaye donc de me rapprocher d'elles, de communiquer avec elles et de leur offrir un beau spectacle. » Sur le coup, l'explication convainc l'assistance. Avant que la vérité n'éclate quelques jours plus tard au grand jour…

En attendant, Laure poursuit sa moisson européenne sur l'île Marguerite de Budapest avec le même entrain et la même frénésie de breloques. Passée ses deux nouvelles médailles de bronze acquises, toujours avec bonheur (!), sur 200 m et avec le relais 4x100 m 4 nages, la fusée de Melun va offrir un final détonant. Sous les yeux de ses parents et de ses frères, elle s'offre une quasi perfection de course sur 400 m avec une nouvelle couronne européenne et un nouveau record du monde.
Plus que le fond du chrono (4'2'13 contre 4'3"03), c'est la forme qui séduit la collectionneuse dont le rêve a toujours été d'établir une meilleure marque planétaire en finale d'une grande compétition internationale. Et non pas dans le relatif anonymat d'un meeting en Vendée ou d'un championnat national en Touraine. Alors, déjà qu'elle n'en finissait plus de se marrer, Laure peut jubiler sans compter. « C'est un mystère », lâche sa mère, qui ne l'avait jamais vu aussi démonstrative.
« Elle est bien dans sa tête, bien dans sa vie et bien en équipe de France, avance Lucas. Et une nana qui rigole, c'est une nana heureuse. » Et une nana qui avance, serait-on tenté d'ajouter. Car quand l'esprit du sportif est libéré de toute contrainte, c'est le corps qui offre son meilleur rendement.
Mais d'autres explications justifient cette métamorphose. La première concerne le renouvellement ou plutôt, l'absence des cadres partis à la retraite ou en année sabbatique. Au milieu des jeunes de sa génération, Laure se sent comme un poisson dans l'eau. A l'aise et décontractée. Quitte à se montrer ingrate avec les « anciens ». « Je me sens mieux dans cette équipe de France sans Roxana (Maracineanu), Solenne (Figués) et Franck (Esposito), confirme-t-elle. Il n'y a que des jeunes et ça me convient mieux. » « Elle a changé et est devenue une jeune femme épanouie, précise Céline Couderc. En raison de ses

résultats, c'est forcément notre leader mais dans l'attitude, elle n'essaye pas d'embarquer l'équipe avec elle. Elle est humble et ne cherche pas écraser tout son monde. »

La deuxième raison touche l'évolution de ses relations avec Philippe Lucas. Hier « soumise » au dictat de son mentor, la petite fille a pris de l'assurance et ose désormais revendiquer ses choix de courses. A bientôt 20 ans, Laure semble vouloir prendre son destin en main. C'est l'amorce d'une émancipation qui rimera bientôt avec séparation...

Enfin, l'ultime raison à cet étalage de joie voire d'exubérance réside en très grande partie dans l'amour qu'elle a trouvé sur les bords du Danube. En secret, la Française a flashé sur un bel Italien nommé Luca Marin. Présentation polie à l'hôtel, sourires adressés à l'entraînement, regards complices échangés en zone mixte pendant que l'une répond à France Télévisions et l'autre à la Rai. Mais pour l'épater et le faire craquer, Laure a dû faire étalage de toute sa classe comme on cherche à crâner devant l'âme sœur en cours de gym. « Devant lui, il fallait que je nage bien. Dès que je savais qu'il était là, sa présence m'aidait à aller plus vite. Je ne voulais pas le décevoir. J'aime lui montrer que je suis la plus forte. Et grâce à lui, j'ai fait des supers temps. »

Ce nouvel amour lui donnera tellement d'ailes qu'à l'issue de son récital hongrois (4 titres, 3 médailles de bronze, 1 record du monde, 1 record d'Europe, 2 records de France), Laure plantera sans ménagement les deux chaînes françaises (TF1 et France 2) en attente d'un direct dans leur JT de 20 heures ! Cœur d'artichaut ou pas, il y a des choses qui ne se font pas. Daniel Bilalian, directeur des sports de France Télévisions décrochera, d'ailleurs, son téléphone pour faire part de son indignation auprès de Francis Luyce, le président de la fédération. « Elle n'avait pas notion de l'importance d'un journal télévisé, raconte cette proche. Pour elle, son boulot était terminé. » Pour sa défense, Laure arguera qu'elle souhaitait se faire belle pour son prince charmant transalpin et bien se coiffer pour la traditionnelle soirée de clôture réservée aux nageurs. « A la limite, ce n'est pas de sa faute, s'emporte ce haut responsable de la FFN. C'est Poulmaire qui a mal fait son boulot et qui ne s'est pas montré convaincant. Il aurait dû lui faire comprendre les enjeux d'un direct, plutôt que de nous mener en bateau et nous faire croire qu'elle avait une migraine ! Ce n'est pas lui rendre service. Laure est une gamine de 20 ans, certes, mais elle est mal drivée. »

Laure face aux soupçons

Dura lex sed lex. La loi est dure, mais c'est la loi. Implacable, intraitable et dénuée de tout sentiment. La loi du sport moderne n'échappe pas à cette règle. Avec la multiplication pour ne pas dire l'avalanche de cas de dopage recensés, la conjoncture impose désormais une lecture froide, objective et distanciée des performances réalisées. Des disciplines majeures ont été éclaboussées (cyclisme, athlétisme), de gros bonnets sont tombés (Gatlin, Ullrich, Basso, Vinokourov, Museew, Montgomery), des impostures ont été démasquées (Armstrong, Jones, Landis, Rasmussen, Kenteris, Hamilton), des exploits irréels ont été bidonnés. Dans ce contexte, nul ne peut, malheureusement, aujourd'hui, applaudir un succès sans s'interroger.

Ceux de Laure, répétés à l'envi et avec une aisance déconcertante, ont rapidement été rattrapés par cette suspicion. Dès 2003, de sales rumeurs reviennent aux oreilles de la championne. « J'ai entendu dire que certains pensaient que je me dopais parce que je suis vite arrivée au sommet. Ca m'énerve, mais je ne fais pas attention à tout ce qui se dit. Je mets ça sur le compte de la jalousie. » Mais c'est à l'été 2006, en pleine razzia aux Championnats d'Europe de Budapest, que celles-ci vont atteindre leur paroxysme. La proie est d'autant plus facile qu'elle appartient à la France, patrie honnie par d'autres nations pour sa politique avant-gardiste en matière de lutte contre le dopage et ses prises de position tranchées sur le sujet. Pour évacuer les doutes qui peuvent entourer l'ascension comme les performances hors normes de Laure, il convient de passer en revue un certain nombre de données et paramètres qui peuvent expliquer de tels résultats. Physiquement comme physiologiquement, Laure a été particulièrement gâtée par Dame Nature. A 21 ans, la star tricolore mesure 1,80 kg pour 64 kg. « Elle est grande pour une nageuse de 400 m, longiligne et a de très beaux muscles longs », observe Christophe Cozzolino, le kiné de l'équipe de France. Elle possède également de grandes mains, qui lui permettent d'avoir une bonne prise d'eau ainsi qu'une excellente qualité d'appuis comparée par certains à des coups de pelle de canoë, une envergure de bras extra large (1,92 m) pour bien développer son mouvement et de grands pieds (elle chausse du 43) pour se propulser. Elle possède, de surcroît, des qualités de vitesse, d'explosivité et de flottabilité innées doublées d'une ligne de corps parfaite dans l'eau. « Comme elle est athlétique et qu'elle a en plus de grands leviers, elle est capable de tourner vite et pousser fort », explique Lucas. Avec un cœur qui bat à 37 pulsations par minute, elle est « équipée » d'un véritable moteur turbo qui lui évite, dans les épreuves de demi-fond, d'avoir à trop puiser dans ses réserves.

Dotée d'indéniables atouts anatomiques, Laure possède surtout un mental d'acier. « On a affaire à une jeune fille exceptionnelle par ses qualités de battante, poursuit Cozzolino. Les nageurs ont tous envie de gagner mais elle, elle a une détermination de folie. Je n'ai jamais vu ça. » A l'entraînement, elle repousse la souffrance et le seuil de la douleur. Dans la chambre d'appel, elle tue ses adversaires du regard. Sur le plot de départ, elle n'envisage que la gagne. Dans l'eau, elle ne lâche rien. Hors des bassins, elle refuse de poser devant les photographes avec d'autres médailles que celles en or (si, si !). Dans l'absolu, elle voit toujours plus loin, plus vite, plus haut, plus fort. « T'as beau avoir le meilleur entraîneur au monde, insiste Lucas, si tu n'as pas le talent, la tronche et l'approche psychologique d'un champion, tu ne réussiras jamais rien. Laure, elle, est une tueuse. »

« Ce qui m'épate le plus chez elle par rapport à son palmarès et toutes les performances qu'elle a déjà réalisées, poursuit son ex petit ami Pierre Henri, c'est qu'elle se remet toujours en question. Il faut qu'elle fasse toujours mieux. Qu'elle reparte toujours de l'avant. Je ne sais pas où elle trouve toute cette motivation. » Cette mentalité hors norme, qui surprend voire choque parfois ses parents tant ils ont le sentiment d'être en total décalage avec elle, se nourrit souvent d'orgueil blessé et de fierté bafouée. « Je dois reconnaître que j'ai un gros mental, avoue le phénomène. Souvent, je m'étonne par ma ténacité. C'est inné parce que ce n'est pas quelque chose que je travaille. »

Sportive depuis son plus jeune âge, Laure n'a cessé depuis 2001 et sa rencontre avec Philippe Lucas d'habituer son corps, d'étoffer ce bagage athlétique, de booster sa « caisse », de devenir incroyablement résistante et par ricochet, d'être en mesure de répéter des efforts à haute dose et de développer d'extraordinaires facultés de récupération. « Si j'ai progressé, c'est parce que j'ai doublé ma charge d'entraînement et travaillé de plus en plus dur ces dernières années, explique-t-elle. Et m'entraîner avec autant d'intensité deux fois par jour pendant 2h30 fait que je suis capable d'enchaîner les courses. Je pense aussi avoir la chance de faire des choses à l'entraînement que les autres ne peuvent pas faire. C'est certainement une question de talent ou de don. » Pierre Henri, qui fut d'abord et avant tout son partenaire d'entraînement, se souvient, par exemple, de cette séance qui résume à elle seule les capacités physiques incroyables du personnage. « Je l'ai déjà vue faire 60 x 50 mètres avec un départ toutes les 45 secondes. J'étais bluffé ! Quand elle a décidé de bien travailler, elle est impressionnante. » « Elle est physiquement hors normes, confirme Jean-Pierre Cervetti, médecin de l'équipe de France. Elle est dotée d'une bonne nature, récupère très bien. Oui, elle est vraiment exceptionnelle. »

Touchée non pas par la grasse mais par la bien plus enviable grâce, Laure a la chance de pouvoir manger n'importe quoi sans prendre le moindre gramme. Une injustice aux yeux des autres demoiselles de son âge qui doivent veiller à ne pas faire d'excès afin de ne pas le payer cash plus tard. « Un nutritionniste m'a dit que je pouvais continuer parce que j'élimine tout à l'entraînement, se réjouit la gourmande. Je ne grossis donc pas. Mais heureusement que je fais de la natation sinon… » Il n'empêche, Laure et l'alimentation, c'est du grand n'importe quoi. « Joker », dit d'ailleurs le médecin de l'équipe de France à l'évocation du sujet. Si elle ne s'écoutait pas un minimum, la vedette n'avalerait que des frites avec de la mayonnaise, des hamburgers McDo, des pizzas, du Coca-Cola, des œufs Kinder ou encore des Smarties. Sans oublier les bonbons qu'elle stocke chez elle en quantité massive dans un gros bocal qu'elle garde à portée de main. « Même si son hygiène de vie n'est pas parfaite, je pense qu'elle aurait tort de s'en priver, estime Aurore Mongel, l'une de ses coéquipières en équipe de France. Elle a un corps qui lui permet naturellement de ne pas se restreindre. Beaucoup de nageurs américains font comme elle. Plus par plaisir psychologique qu'autre chose. En France, on est peut-

être trop exigeant et obtus au niveau de la diététique. » Cette capacité intrinsèque à brûler les graisses et à ne jamais faire le yo-yo avec sa masse lui évite, en tout cas, d'être suspectée de prise de substance diurétique prohibée.
La probabilité d'une prise de produits dopants par un athlète peut surgir à la lecture de sa courbe de progression. Quand un sportif sort de nulle part, grignote des poignées de secondes en une seule saison, ne brille que par intermittence, remporte un titre à la surprise générale ou se fait très discret en dehors des grands rendez-vous, les signaux d'alerte peuvent légitimement se mettre en branle. Or, lorsqu'on analyse le parcours de Laure, on se rend compte que sa montée en puissance est, certes, incroyable et irrésistible, mais linéaire et continue. Sans à-coups. Avec une envolée spectaculaire à compter de 2002 qui s'explique aisément par sa décision de vouer sa vie à la natation ainsi que par l'assimilation des premières lourdes charges de travail. « De l'extérieur, ses progrès peuvent paraître monstrueux mais quand on sait ce qu'elle fait à l'entraînement, on comprend mieux pourquoi elle en est là aujourd'hui, souligne Christophe Cozzolino. C'est là qui réside son secret. »

Si Laure ne semble pas être un « Ofni » (Objet flottant non identifié), c'est également en raison d'une pathologie héréditaire sanguine. L'Ambarroise souffre, en effet, d'un problème de coagulation du sang. Avec un facteur de coagulation à la limite supérieure de la normale, un sang très épais circule dans ses veines. Or, une substance interdite de type érythropoïétine (EPO), idéale pour les épreuves de demi-fond qu'elle dispute, a pour effet secondaire de rendre le sang visqueux et épais comme du sirop. Et pour conséquence de provoquer des embolies pulmonaires ou autres arrêts cardiaques. On imagine donc aisément les risques inconsidérés que prendrait la recordwoman du monde du 400 m si elle venait à franchir la ligne jaune. « Dès que j'ai atteint le haut niveau, raconte-t-elle, mes parents m'ont mise en garde en me disant que si je prenais un truc, je risquais de mourir parce que mon sang s'arrêterait de circuler. »

Avec sa pancarte de meilleure nageuse au monde, Laure fait l'objet d'une attention toute particulière de la part des brigades antidopage. Au-delà des contrôles qu'elle subit en France en compétitions officielles, des contrôles inopinés diligentés par le Ministère des Sports et du suivi longitudinal à la française qui impose aux sportifs de haut niveau de se soumettre à des tests sanguins et urinaires réguliers au cours de la saison (elle a ainsi subi une quarantaine de tests en 2006), la nageuse est contrôlée régulièrement depuis 2003 par la fédération internationale (FINA). Cinq fois la première année (3 inopinés, 2 en compétition), huit fois l'année suivante (3 et 5), cinq fois en 2005 (3 et 2), 4 fois en 2006 (3 inopinés) et huit fois en 2007 (1 et 7). Et même si ces contrôles ne sont jamais gages de garantie absolue, ils ont le mérite de bel et bien exister. « Ca m'énerve toutes ces rumeurs de dopage sur mon compte, s'emporte-t-elle. Je vis ça comme une injustice. La seule chose que je peux démontrer, c'est que mes contrôles antidopage ont toujours été négatifs et qu'ils le resteront jusqu'à la fin de ma carrière. Je suis contrôlée en compétition, j'ai droit à des contrôles inopinés presque tous les mois. Alors, si j'avais été dopée, j'aurais été chopée depuis longtemps, non ? » « Pour moi, poursuit Claude Fauquet, le directeur technique national, elle est d'une transparence sans nom. Je suis complètement tranquille. »

Enfin, pour tous ceux qui s'interrogeraient encore sur la flambée des records observée depuis quelques années et à laquelle

Laure a grandement contribué, elle peut s'expliquer de différentes façons. La plus déterminante concerne l'utilisation des combinaisons de natation. Autorisées depuis 1999, ces véritables secondes peaux ont rendu les corps beaucoup plus hydrodynamiques et ont modifié le rapport de résistance à l'eau. De nouveaux outils high-tech d'entraînement ont fait leur apparition, de nouvelles approches ont été adoptées, nos demoiselles en France se sont mises à la musculation et à la préparation physique intensive. L'argent, également, a fait son apparition et s'affirme comme une nouvelle source de motivation. Et puis, la construction des bassins olympiques ou homologués répond, désormais, à des exigences de plus en plus pointues à tel point que leur conception (profondeur, traitement de l'eau, rigoles d'évacuation, hauteur des lignes d'eau) peut jouer un rôle non négligeable sur la qualité de la performance.

Finalement, la seule zone d'ombre à ce tableau maculé réside dans la relation supposée ou avérée, frontale ou indirecte de Laure avec Bernard Sainz. Bernard Sainz est une personnalité bien connue du cyclisme et du monde hippique. Surnommé dans les années 70 « Docteur Mabuse » par un pistard français qui venait de voir le film de Fritz Lang, Sainz mériterait plutôt le sobriquet de « Docteur Jekyll et Mister Hyde ». Son côté obscur, il le doit à son parcours miné. Soupçonné d'avoir détenu des substances interdites et d'en avoir administré à des cyclistes, mais aussi écroué plusieurs semaines pour non-respect d'un contrôle judiciaire, Sainz n'a, en revanche, jamais été condamné par la justice française.

A l'inverse, Sainz possède une facette vertueuse. Diplômé de médecine homéopathique sans jamais avoir suivi pour autant un cursus universitaire classique, cet adepte de la médecine alternative remporte, aujourd'hui encore, un franc succès auprès de nombreux sportifs, personnalités du monde du show-bizz, des médias et... de la classe politique ! Mais tous viennent le consulter en catimini ou refusent d'assumer de peur qu'une vilaine rumeur ne les rattrape. Et que la réputation sulfureuse du bonhomme ne les éclabousse. « Je comprends tout à fait l'attitude de ces personnes frileuses qui restent sur la réserve, m'explique Bernard Sainz, qui a accepté de lever un partie du voile. C'est un sujet sensible. Je suis devenu un mythe. Pour mes détracteurs, je suis l'incarnation du dopage. Le fait de m'approcher peut donc insinuer une relation de dopage. Or, je n'excelle pas dans ce compartiment. J'ai des méthodes de vie pour organiser la vie d'un athlète qui n'ont rien à voir avec le dopage. Des méthodes que l'adversité ne connaît pas où, par exemple, la stress et l'appréhension à l'approche des événements vont se transformer en motivation et détermination. »

M'entretenir avec Bernard Sainz n'a pas été le fruit du hasard. C'est pour vérifier une information selon laquelle Laure aurait rencontré ce personnage atypique à la mi-juin 2006 en marge de la Coupe de France disputée à Saint-Raphaël, que j'entre en contact avec lui. Et sa réponse fut inattendue : « Bien avant que Laure n'arrive à Melun, j'ai reçu à plusieurs reprises Philippe Lucas chez moi en Normandie. Il tentait de s'informer sans préjugés, sans a priori sur mes méthodes et préceptes qui ne concernent que les athlètes de haut niveau. Mes méthodes sont inconnues des traditionalistes, surtout en matière d'hygiène de vie, d'alimentation, d'appréhension des événements et dans le choix des courses. Ces principes et ces préceptes, je ne les transmets qu'à ceux qui m'approchent. Mais j'ai tout mis en œuvre pour ne jamais approcher Laure, même si je pense qu'elle a bénéficié de mon savoir. Je ne voulais pas qu'on puisse faire des amalgames. »

Et d'effeuiller le discours de sa méthode. « Il y a des règles physiologiques que j'ai transmises à Philippe comme celles du « 3 semaines-40 jours-3 mois-3 ans. » En d'autres termes, cela signifie que si pendant trois semaines d'entraînement on ne sait pas planifier les temps de récupération, on paye la note au bout de 3 semaines, puis une nouvelle note au bout de 40 jours, puis encore une nouvelle au bout de 3 mois et au bout de 3 ans, on peut déchirer sa licence car on aura brûler son bagage physiologique. Or, si on respecte bien cette règle, il n'y a pas de limite à la progression, comme c'est le cas pour Laure. Le sport, c'est augmenter la cylindrée par le travail, et non pas par les produits dopants. Et pour progresser longtemps, il faut progresser lentement. »

Interrogé sur le sujet, Philippe Lucas n'a pas masqué son indignation : « C'est des conneries, m'a-t-il assuré. C'est du délire ! N'importe quoi ! Je ne sais pas qui est ce type. Je ne comprends pas pourquoi il affirme me connaître. En tout cas, c'est grave. Et ce qu'il dit, notamment au sujet du respect de la récupération, est totalement contraire à mon mode travail. Moi, j'ai toujours chargé Laure en volume d'entraînement. »

Quelques semaines plus tôt, Philippe s'était entretenu avec moi sur le sujet poisseux du dopage et m'avait confié : « Avec moi, elle n'a jamais touché à ça et n'aurait pu faire ça. Je sais qu'elle a horreur de la triche et doit continuer à prouver par tous les moyens que ça ne l'intéresse pas. »

Lucas nie-t-il l'évidence ? Sainz le discret cherche-t-il à se faire un coup du pub ? Laure l'a-t-elle vraiment rencontré ? Contactée, l'intéressée a refusé, par l'intermédiaire de son avocat, de s'exprimer. Mais le doute subsiste, même si consulter

Sainz, rappelons-le, ne permet en rien de conclure ou d'affirmer que la démarche est synonyme de conduite dopante.

Reste que Bernard Sainz, particulièrement prolixe sur le sujet, tient à me préciser une dernière chose. « En voulant appliquer certains de mes principes, Philippe a commis de petites erreurs. Puis, au fur et à mesure que Laure évoluait, il est devenu de moins en moins demandeur. Et c'est normal car plus un coach avance, plus il veut se détacher de mes méthodes car on sait très bien que je suis sur écoutes téléphoniques ou que je fais l'objet de filatures. Il ne voulait plus être mêlé de près ou de loin à moi. C'est dommage, car je n'ai pas pu conduire ma méthode comme je l'aurais souhaité. J'aurais peut-être même pu l'aider quand Laure l'a quitté. Vous savez, je la suis avec beaucoup d'attention. Je découpe tous les articles qui parlent d'elle. Je me sens concerné par elle. »

Et d'énoncer, enfin, le type de soins qu'il aurait prodigués à Laure s'il avait été sollicité pour soigner sa tendinite chronique à l'épaule et son cartilage usé. « Pour commencer, je lui aurais recommandé de ne rien manger pendant deux-trois jours le soir. La nuit, il se passe, en effet, un phénomène de récupération extrêmement fantastique. Idem pour les tissus endommagés. Avec mes principes, on peut cicatriser cinq à six fois plus vite. Mais quand les traditionalistes entendent ça, ils disent que c'est du charlatanisme ou que c'est grâce à des produits dopants. Si j'obtiens une guérison, on m'accusera toujours d'avoir caché des substances dopantes d'avant-garde ou des molécules superactives sous ce conditionnement homéopathique. Cela fait 35 ans que ça dure. On n'accepte pas la médecine alternative. On me reproche d'avoir introduit la médecine naturelle dans le sport. Et pourtant, je récolte mes succès là où le corps médical connaît des échecs. » Laure doit-elle juste-

ment une part de son triomphe à l'apport de Sainz ? La question reste posée…
Dernièrement, c'est le médecin du sport, Jean-Pierre de Mondenard qui jetait un ultime pavé dans la mare aux soupçons. « Si c'était une Chinoise qui battait les mêmes records, tout le monde s'interrogerait. J'aimerais croire qu'elle ne se dope pas, car j'aime le sport. Mais compte tenu de mon expérience sur la médicalisation des sportifs de haut niveau et ma connaissance des produits utilisés, c'est à contrecœur que je peux évacuer cette idée. »[28]

Au sommet de son art

Le clin d'œil n'est pas pour déplaire à Philippe Lucas, accroc au football plus qu'aux sports d'eau. Alors que la saison des transferts bat son plein sur la planète foot, l'entraîneur francilien décide de claquer brutalement la porte de son club de toujours, Melun, avec son groupe d'entraînement dans les valises. Direction Canet-en-Roussillon, dans les Pyrénées-Orientales qui lui offre des conditions matérielles et financières bien plus avantageuses que celles dont il disposait en Seine-et-Marne. La mutation fait grand bruit, car jamais un changement de club n'avait concerné simultanément la plus grande championne de l'histoire et l'entraîneur le plus en vue. Mais tous les membres du « Team Lucas » vont y trouver leur compte tant le cadre est propice à l'entraînement et à la sérénité.

Après un mois de vacances où elle notamment inauguré à Ambérieu « le centre aquatique Laure Manaudou », la championne effectue donc une « rentrée des classes » très médiatisée. Souriante et disponible, elle reste dans la lignée de la nouvelle facette de son personnage qu'elle a dévoilée aux Championnats d'Europe de Budapest. La saison qui s'annonce sera en tout point nouvelle et différente des précédentes car, été austral oblige, les Championnats du monde de Melbourne en grand bassin sont programmés dès le mois de mars. Soit quatre-cinq mois plus tôt que les éditions passées.

En attendant d'entrer dans le vif du sujet, Laure prend ses marques dans ce nouvel environnement. Oubliée la maison qu'elle

avait visitée avec Pierre Henri avant les Championnats d'Europe. Désormais éprise de l'Italien Luca Marin qui vit à Vérone, la jeune femme a emménagé seule dans une résidence de type « villa » située à cinq minutes à pied de son nouveau quartier général de la piscine Europa. « A Canet, tu as l'impression d'être en vacances toute l'année, explique-t-elle. C'est mieux d'avoir la mer à côté de chez soi. L'environnement est donc meilleur et il y a plus d'activités : Barcelone, la montagne… A Melun, dans la journée, je restais souvent chez moi à ne rien faire. Je faisais tous les jours une sieste de deux heures. Ca me bousillait pas mal de temps. Maintenant, j'essaie de la réduire à une demi-heure. »[2] Ce gain de temps, Laure va le mettre à profit pour passer son permis en accéléré, prendre du bon temps avec sa grande copine Esther Baron, aller se balader, faire du shopping à Perpignan ou mettre exceptionnellement le cap à Barcelone.
Et puis, heureux hasard du calendrier, Laure va fêter son 20e anniversaire dans cette cité catalane qui lui est déjà si chère. Une célébration chez elle, entre amis, avant de jouer les exceptionnelles prolongations dans un bar de nuit et de piquer une tête dans la Méditerranée. Décidément, même quand rien ne lui est imposé, Laure ne peut s'empêcher de se mettre à l'eau.
Sa véritable remise à l'eau, Laure l'effectue début novembre à Rouen puis à Bordeaux. Une dizaine de courses sont au programme et bien que le bilan soit globalement satisfaisant, on sent poindre comme un vague malaise entre Laure et son entraîneur. Pour être tout à fait honnête, rien n'indique sur le moment qu'il commence à y avoir de la friture sur la ligne. Comme d'habitude, Philippe stigmatise l'attitude de sa protégée à l'entraînement, son manque d'implication au quotidien, son inconstance chronique et ses promesses de reprise en main

rarement honorées. Que du très banal entre ce sacré couple, en somme. « Vous savez, elle n'est pas facile à entraîner, insiste-t-il. Quand elle ne veut pas, elle ne veut pas ! Il lui manque toujours cette rigueur et cette régularité. Elle est encore loin de tout bien faire. Aujourd'hui, par rapport à ses qualités, elle s'entraîne comme une nageuse de niveau national. Il faut qu'elle change son investissement car parfois, c'est pas terrible. Elle doit être forte tous les jours à l'entraînement, et ne plus se contenter de ne faire qu'un tiers des séances correctement. Elle doit prendre conscience des choses. Elle n'ira peut-être jamais plus vite, peut-être même qu'elle régressera. Le risque existe. »[29]

De son côté et même si elle n'y met pas toujours la manière, Laure continue à s'entraîner comme une dératée. Mais les accès de colère de son mentor sont de plus en plus douloureux et difficiles à encaisser. « Parfois, elle était tellement sous pression à l'entraînement qu'il fallait qu'elle se lâche, raconte Pierre Henri. Alors, quand elle n'en pouvait plus, elle se mettait à pleurer dans sa ligne d'eau. Et quand Philippe lui gueulait dessus parce qu'elle avait fait une mauvaise série, elle ne disait rien. Il ne valait mieux pas, d'ailleurs, car quand il crie, c'est qu'il a raison. »

Sans jamais rien laisser paraître, le duo va traverser, sans coup férir, les deux compétitions majeures qui doivent les conduire jusqu'aux Mondiaux de Melbourne. A commencer par les Championnats de France en petit bassin d'Istres. Engagée sur neuf épreuves, Laure va pousser l'excellence encore plus loin que lors des éditions précédentes. Coiffée d'un bonnet italien par amour pour son bellâtre, elle remporte huit nouveaux titres tout-terrain (200 m, 400 m, 800 m, 50 m dos, 100 m dos, 100 m 4 nages, 200 m 4 nages, 400 m 4 nages) et améliore six records de France (200 m, 50 m dos, 100 m dos, 100 m 4 nages, 200 m 4 nages, 400 m 4 nages). Pour porter le nombre de ses records nationaux « en activité » à seize sur trente-cinq possibles, soit presque 50 % ! « Mais je m'en fous, je ne les compte pas car ce ne sont pas les records de France que je vise. », balance-t-elle tout de go. « Elle a une façon de parler parfois, soupire son père. Dire qu'elle s'en fout des records... Non, vraiment, ce n'est pas moi et mon épouse qui lui avons appris ça ! » Si Laure se fiche de ses records, que dire de toutes ses médailles. Disséminées ici ou là, on en trouve certaines accrochées aux murs de chez ses parents, d'autres perdues au fond de ses sacs et d'autres encore oubliées dans un tiroir.

Toujours aussi impériale du haut de son trône, Laure paraît plus puissante qu'il y a peu, aussi bien en jambes qu'en bras. En un mot, elle semble encore plus forte. Pour confirmer la tendance, rien de tel qu'un test grandeur dans les eaux internationales à l'occasion des Championnats d'Europe en petit bassin d'Helsinki. En lice sur quatre courses, « La machine à gagner », comme l'a habilement surnommée dans l'une de ses publications officielles la Ligue Européenne de Natation, se contentera de n'en disputer « que » trois. Mais avec un vingt sur vingt aux trois épreuves du bac (synonyme de bassin dans la jargon des nageurs) finlandais et deux nouveaux records, la surdouée a bien mérité une nouvelle mention. Sacrée championne d'Europe du 400 m, 800 m et 100 m dos, la star du Vieux Continent a la coquetterie de rafraîchir son propre record du monde du 400 m (3'56"09 contre 3'56"79) ainsi que celui du 100 m dos, par deux fois (58"04 puis 57"87).

Pour la presse et les observateurs dans leur ensemble, une certaine forme de routine commence à s'installer. Le nouveau record planétaire établi par le rouleau compresseur tricolore n'étonne plus grand monde. On frise la banalisation de la performance alors qu'elle relève pourtant bien toujours de l'exceptionnel. Pire, c'est la polémique née du port de son bonnet de bain italien en équipe de France qui va alimenter la chronique et éclipser, un temps, ses prouesses aquatiques. « C'est ridicule, s'emporte-t-elle. Je nage tous les jours à l'entraînement avec. Alors, je ne vois pas pourquoi je n'aurais pas le droit de le porter en compétition. Je suis française, mais tout le monde sait très bien qu'une partie de mon cœur est en Italie. » Finalement et après quelques pressions, son couvre-chef en latex bleu-blanc-rouge retrouvera sa place sur son crâne et repositionnera, du coup, ses performances en première ligne de l'actualité. Un comble, mais une réalité liée aux excès de vitesse répétés de cette multirécidiviste.

Avant de refermer le ban sur cette grandiose année 2006 qui l'aura vu hisser d'un nouveau cran son niveau de performance, Laure va crouler sous les récompenses. Pour la deuxième fois en trois ans, le quotidien *L'Equipe* la consacre « Championne des champions français ». Avec deux trophées en poche, elle rejoint au palmarès des noms aussi prestigieux que ceux de Platini, Pérec, Douillet, Killy ou encore Bobet. D'après un sondage TNS Sofres réalisé pour *RMC* et *L'Equipe Magazine*, Laure devient aussi la sportive préférée des Français, devant Zidane, Henry et Mauresmo. Enfin, la petite fiancée de la nation a droit à sa troisième couverture de *Paris-Match* en l'espace de vingt-huit mois. Du jamais vu pour une sportive.

Si elle surfe sur la plus haute vague de la notoriété et reste solidement installée au sommet de la hiérarchie natatoire, Miss Manaudou vit également un bonheur parfait au niveau sentimental et amoureux. Mais l'éloignement cumulé à l'intransigeance « lucasienne » commencent à peser. « Je suis épanouie, reconnaît-elle. Et c'est tellement bien d'être bien dans sa tête. Même si c'est super dur d'être éloignés et que j'aimerais le voir plus souvent, je dois avouer que si Luca n'était pas là, ce ne serait pas pareil. Ca m'a traversé l'esprit d'aller vivre avec lui en Italie. Mais si je le faisais maintenant, je sais que ma fin de carrière serait proche. Je préfère prendre le temps de m'entraîner sérieusement et pour le reste, on verra après… »[30]

Mais ce qui n'était, au début, qu'une hypothétique supposition va virer au fil des mois à l'obsession. D'autant que chaque lundi, c'est le même bras de fer qui s'engage entre Laure et son coach. De retour d'Italie où elle passe la plupart de ses week-ends dans les bras de son ragazzo, la Française a la tête ailleurs. Laborieuse, pas concentrée sur son entraînement et franchement compliquée à manager. « Mais quand je n'ai pas envie, ce n'est pas la peine d'essayer de me convaincre, glisse-t-elle. Je ne le ferai pas. Je suis têtue. » Bonjour l'ambiance. Et de poursuivre. « Je dois reconnaître que je ne suis même pas à 50 % à l'entraînement. Mais vous savez, ce n'est pas évident d'être à fond tout le temps. Aucun nageur n'a envie tous les jours. Moi, je suis juste capable d'être sérieuse deux semaines d'affilée. Après, c'est plus compliqué. »

Mais à quelques semaines des Championnats du monde de Melbourne (25 au 30 mars), Lucas n'a cure de ces états d'âme. Chaque semaine de travail compte. Alors, pas le temps de s'écouter, de jouer les fortes têtes et de dilapider son capital. Laure doit faire la part des choses et prendre encore un peu sur elle. Non sans mal. Par moments, la collaboration rêvée va même davantage s'apparenter à une cohabitation contrainte et forcée. Les tensions sont palpables. Les coups de grisou, inévitables. Le clashes, monumentaux. Pendant cinq jours en

février, les deux « associés » vont, par exemple, ne pas se parler. Silence radio. Communication réduite au strict minimum. « Ca n'allait pas du tout », confie Laure. « Elle a changé, a mûri et s'est affirmée. », observe Philippe.
Dans le taxi qui la conduit à l'aéroport Paris-Charles de Gaulle pour s'envoler en direction de l'Australie, je profite de l'occasion qui m'est offerte d'être assis à ses côtés pour lui demander où se situe, à ce jour, le curseur sur son échelle de la lassitude. Mais Laure ne dévoile rien et endosse, comme à l'accoutumée, le rôle de la mauvaise élève qui baisse la tête et s'autoflagelle « Si j'avais un entraîneur qui ne disait rien ou qui me faisait sortir de l'eau quand j'ai mal à l'épaule, je ne serais pas là où j'en suis. Il me faut donc un entraîneur strict ! Mais j'ai conscience qu'un jour ou l'autre, je vais devoir bosser davantage. »[31] On en reparlera après les Mondiaux…
C'est donc à Gold Coast, à 80 km au sud de Brisbane, que « la bande à Lucas » va poser ses valises pour trois semaines de préparation terminale avant le début de la compétition. Sur place, Laure redevient la vraie Manaudou. Dès qu'elle hume le parfum de la compétition, la jeune femme retrouve comme par magie le goût de l'effort et le sens de l'application. Il faut dire que le programme qui l'attend n'est pas à prendre à la légère. A Melbourne, l'insatiable compétitrice a décidé de ciseler de nouveaux ors et de défricher un horizon qui peut sembler lointain. Pour ne pas dire inatteignable. Après la France et l'Europe, Laure souhaite expérimenter pour la première fois sa boulimie à l'échelon planétaire. Avec six épreuves individuelles (200 m, 400 m, 800 m, 1500 m, 50 m dos, 100 m dos) plus deux relais (4x100 m 4 nages, 4x200 m), le défi est immense. Indigeste et risqué, même, vu la densité de l'adversité. Mais pour s'extraire de l'ordinaire et fuir le confort naissant, la reine

du demi-fond n'a pas d'autre choix que de s'imposer de nouveaux challenges afin d'entrer dans une nouvelle dimension.
« Même si je sais que les Américaines, les Australiennes, les Japonaises et peut-être les Chinoises seront redoutables, mon but est de tout gagner, de rester invincible et d'être une tueuse dans le bassin, clame-t-elle sans forfanterie. Et puis, disputer une ou deux épreuves en une semaine, ça ne m'intéresse pas. »
Traumatisée par son entame ratée deux ans auparavant aux Mondiaux canadiens, la conquérante réalise un début de compétition parfait sur 400 m. Après Madrid et Athènes en 2004, Montréal en 2005 et Budapest en 2006, la reine du 400 m s'adjuge son cinquième titre consécutif majeur sur la distance (en 4'2"61). Et une fois encore, ses rivales n'y ont vu que du feu ou, plus exactement, que ses pieds battant une mesure impossible à suivre. Vous avez dit seule au monde ? Seule dans son monde, oui, avec son chéri italien à qui elle dédie cette victoire en laissant apparaître, face caméra, le mot « love » inscrit dans le creux de sa main. « Je suis soulagée, glisse-t-elle à sa sortie de l'eau. Je n'ai plus aucune pression. Maintenant, ce n'est que du plaisir. » Avec ce premier sacre, Laure a déjà réussi sa compétition puisqu'elle était tenante du titre. Le reste ne sera que du bonus. Un douloureux constat pour ses adversaires qui savent mieux que quiconque que la sirène de Canet n'est jamais aussi forte, pour ne pas dire imbattable, que lorsqu'elle nage l'esprit libéré de toute contrainte.
Quarante-huit heures plus tard, l'infatigable décroche la médaille d'argent sur 100 m dos et bat un nouveau record d'Europe (59'87 contre 1'0"21 par la Roumaine Mocanu), à l'issue d'une journée marathon où elle aura enchaîné dans la même journée série du 200 m, finale du 100 m dos, finale du 1500 m et demi-finale du 200 m. Ouf ! Mais pour Laure,

cette répétition a pour vertu de chauffer la machine là où d'autres commenceraient à tirer la langue. La suite s'annoncerait-elle royale ?

Jusqu'à présent, il y avait Michael Phelps chez les hommes, héros de la natation américain bardé de titres et records en tous genres, comme peuvent l'être les revers de vestons des vétérans du Vietnam où les décorations se marchent les unes sur les autres. Désormais, Phelps se conjugue au féminin car en ce mercredi 28 mars 2007, Laure Manaudou a nagé dans les mêmes eaux que ce champion d'exception. « Elle est tellement humble et n'a pas la grosse tête qu'elle ne se rend même pas compte de ce qu'elle fait et de ce qu'elle est, raconte Anne-Sophie Le Paranthoën, l'une de ses meilleures amies en équipe de France. Parfois, elle s'extasie devant certaines personnes alors qu'elle fait plus fort qu'elles. » « Elle ne se voit absolument pas comme quelqu'un de célèbre, confirme Olga, sa mère. Elle est même gênée, presque complexée par son statut de star vis-à-vis des autres nageurs de l'équipe de France. »

« Elle ne se rend pas bien compte de son impact, poursuit Aurore Mongel, une autre des ses coéquipières. Elle ne joue pas non plus de son statut puisqu'elle se met toujours à notre niveau et ne cherche jamais à se montrer supérieure à nous. Ce n'est pas une meneuse. Après nos courses, elle vient même souvent nous féliciter. Et ça se voit, c'est vraiment sincère de sa part. » Si elle n'ose accepter la comparaison avec le phénomène made in USA (« On me compare à Phelps mais lui, c'est encore un autre monde ! »), elle la soutient pourtant sans contestation possible dans les bassins comme va le prouver ce 200 m d'anthologie.

Outsider de cette finale très relevée, elle va la dominer tel un 400 m, en patronne, au point de remporter le titre mondial et d'atomiser le record du monde (1'55"52 contre 1'56"47 par l'Italienne Pellegrini). Avec elles, les adjectifs sont galvaudés depuis des lustres mais l'exploit qu'elle vient d'accomplir est véritablement ex-tra-or-di-nai-re, au sens littéral du terme. Même Claude Fauquet en perd son latin : « Ca devient frustrant de ne pas trouver les mots pour des exploits de cette nature ». Pour l'intéressée, à qui on a souvent reproché d'être blasée, c'est la stupéfaction : « Je ne m'y attendais pas. C'est assez exceptionnel. » Quant aux médias australiens qui la surnomment « Pin-up girl » et qui s'attendaient réellement à la voir céder sous la pression ambiante comme Marie-José Pérec avait craqué sept ans auparavant aux Jeux Olympiques de Sydney, c'est une forme de déception. A chacun son sport national...

Une fois le protocole achevé (podium, conférence de presse, contrôle antidopage), Laure n'a plus qu'une seule idée en tête : retrouver au plus vite sa gravure de mode italienne. C'est d'ailleurs à lui qu'iront ses premières pensées à l'arrivée du 200 mètres puisqu'elle joindra ses pouces et index de chaque main dans le but de former un cœur. Au-delà de ce clin d'œil très fleur bleu, il y a surtout ce pari passé entre les deux tourtereaux. La fusée tricolore avait promis qu'elle battrait le record du monde de la distance. Son chéri lui avait soutenu le contraire, plus par taquinerie que par manque de croyance en elle. Et une fois de plus, qui l'a emporté ? Laure, évidemment. Pour récompenser sa protégée, Philippe Lucas décide de lâcher du lest et l'autorise à passer la nuit avec Luca Marin. Seul hic : Laure n'a pas attendu d'avoir le feu vert de son coach pour laisser en plan Esther Baron qui partage sa vaste et luxueuse chambre beige et marron n°413 située au 4e étage du Pacific International Suite. Depuis quarante-huit heures, l'amoureuse transie fait, en effet, le mur pour s'en aller rejoindre l'hôtel de la délégation italienne situé à une cinquantaine de mètres du sien. « Déjà que je suis derrière elle sept heures par jour, si en plus je dois la fliquer la nuit, s'incline, amer, le technicien francilien. Elle fait donc ce qu'elle veut. A condition de ne pas rentrer à cinq heures du matin ! » Lancé sous forme de boutade, l'avertissement tombe complètement à l'eau puisque Laure va effectivement regagner son hôtel à cinq heures du matin ! « Si je ne suis pas fatiguée, je ne me couche pas ! », argumente-t-elle par provocation. Pour assurer l'intérim en son absence, c'est Anne-Sophie Le Paranthoën qui va s'improviser partenaire de chambre d'une Esther Baron qui apprécie mollement de rester seule et ne goûte guère les virées nocturnes de sa meilleure copine.

C'est une Laure Manaudou pas très fraîche que l'on retrouve donc le lendemain en finale du 4x200 m. Partie en deuxième position, la championne du monde va coincer pour finalement toucher la plaque en troisième position. Le bronze est au bout des doigts, mais tout le monde aura noté le décalage d'impression entre l'impériale nageuse de la veille et la finisseuse poussive du jour. Sans trouver d'explication plausible, si ce n'est qu'elle est « humaine ». Et très amoureuse, surtout…

En attendant de s'attaquer à sa dernière course, le 800 m, et de réaliser un improbable triplé 200-400-800 m, Laure s'aère l'esprit avec ses amies. Tente de se déconnecter de la planète natation. Regarde « Desperate Housewives » en DVD, surfe sur le net, fait du shopping, parle de mode et cultive sa « fashion attitude ». « En fait, on parle de tous les trucs dont toutes les autres filles de l'équipe de France se foutent, racontent Anne-Sophie Le Paranthoën qui fait partie du cercle des intimes au même titre qu'Esther Baron et Angela Tavernier. Mais même avec nous, elle ne dit pas ce qu'elle a sur le cœur. Elle ne se confie pas et ne réclame pas des conseils de grande sœur (Anne-Sophie a neuf ans de plus qu'elle). Elle reste assez secrète, et carrément muette avec ceux dont elle n'a pas envie de parler ! Sinon, elle adore rigoler des blagues des autres. Mais ce n'est jamais elle qui les fait ou qui joue le clown. »

Pour son dernier plongeon dans le bassin de la Rod Laver Arena, Laure ne porte donc pas de nez rouge sur le nez d'autant qu'elle n'est pas là pour s'amuser. Malheureusement pour elle, ça ne va pas rigoler car la vice-championne olympique du 800 m va de nouveau se casser les dents, cette fois-ci sur l'Américaine Ziegler, pour devenir « seulement » vice-championne du monde. Sur le coup, la battante va tiquer avant de savourer l'ensemble de son œuvre composé de deux titres mondiaux (400 m, 200 m), deux médailles d'argent (100 m dos, 800 m), une médaille de bronze (4x200 m), un record du monde (200 m) et un record d'Europe (100 m dos) ! Ce qui lui vaudra de recevoir le titre justifié de « nageuse des Mondiaux », décerné par la fédération internationale, ainsi que la coquette somme de 122 760 euros de primes pour ses titres glanés et autres records battus.
De toutes ses épopées fantastiques, celle-ci est à marquer d'une pierre blanche. Désormais bien calée dans son fauteuil de « superstar de la natation mondiale » et de « meilleure nageuse de la planète », Laure a toutes les cartes entre les mains pour devenir la plus grande sprinteuse de tous les temps. A condition d'être un peu plus pointue et studieuse à l'entraînement. « Je ne suis pas un exemple pour l'équipe de France, constate-t-elle avec objectivité. Ici, je mangeais mal, je me couchais tard. Je ne suis pas et ne serai jamais le chef ou la grande

sœur qui porte toute la natation française sur les épaules. »

Le grand chambardement

Dans l'avion qui les ramène d'Australie, Laure Manaudou et Philippe Lucas sont perdus dans leurs pensées diamétralement opposées. Pendant que l'un échafaude le plan de route de sa championne jusqu'aux Jeux Olympiques de Pékin, l'autre envisage de mettre les voiles et d'aller voir ailleurs. « Si on continue à nager autant que cette année, je pense que je vais craquer. », avait-elle confié quelques jours plus tôt à sa meilleure copine, Esther Baron. L'idée semble vouloir fait son chemin.

Après quinze jours de vacances, Laure reprend l'entraînement et ses bonnes vieilles habitudes à la piscine Europa de Canet-en-Roussillon. Ces habitudes, c'est notamment ce dilettantisme qui a le don d'irriter, Lucas, au plus haut point. L'entraîneur, qui n'a pas pris de congés, est déjà tendu et agacé. L'ambiance est plombée. La saison s'annonce longue et compliquée à gérer. Quelques jours plus tard, une fête est donnée en l'honneur de Laure et des quatre autres nageurs qui ont défendu les couleurs du club de Canet 66 à Melbourne. La championne du monde est physiquement présente, mais moralement absente. Distante et détachée, elle fait preuve d'un étonnant manque d'implication et d'enthousiasme qui saute aux yeux.

On retrouve, en revanche, une Laure radieuse et décontractée pour l'enregistrement à Paris de Vivement Dimanche, l'émission de Michel Drucker dont elle est l'invitée principale. D'apparence, seulement, car en réalité, c'est tempête sous une frange. Ses pensées s'entrechoquent sans relâche. Son cerveau est en ébullition. Au bord de l'implosion. Au-delà de la querelle qui l'a opposé le matin même avec son chéri, Luca Marin, en vacances à Canet pendant une semaine, la vedette est surtout rongée par le poids de la décision qu'elle vient de prendre. Dans son esprit, c'est clair : elle va quitter son entraîneur et tourner la page de six ans de sa vie. Son amoureux a été informé de la nouvelle et s'empresse, illico, d'en faire part à Marco Durante, le président du club de LaPresse, une structure pas comme les autres qui est la plus grosse agence photographique d'Italie ainsi qu'une société de gestion de droits d'image (qui compte, notamment, Fiat parmi ses clients) avant d'être un simple club de natation. Durante n'est pas un inconnu. L'été précédent, c'est lui qui avait invité Luca et sa dulcinée à venir passer quelques jours sur son yacht privé au large de Capri. Car depuis plusieurs mois déjà, cet as de la communication a fait un rêve : réunir le couple star (Luca Marin est médaillé de bronze mondial sur 400 m 4 nages) en Italie afin de gérer leur image commune. A terme, il verrait même d'un très bon œil la naturalisation de la Française en cas de mariage avec le nageur sicilien.

L'opportunité est donc trop belle pour Durante qui rapplique de Turin au volant de sa Porsche. A son retour de Paris, Laure, qui est flanquée de son mentor, tombe des nues en découvrant la présence inopportune du boss transalpin dans son appartement. Lucas voit rouge. Devant ce qu'il estime être à la fois une machination et une tentative de déstabilisation, le technicien brut de décoffrage sort de ses gongs et empoigne virilement Durante. La police municipale intervient pour calmer les esprits. Mais le divorce est consommé.

Remonté comme une pendule, Philippe Lucas vire le lendemain de l'entraînement huit de ses poulains dont Laure, qui nage volontairement à côté de ses pompes et qui aligne des temps de minimes. « Elle l'a fait exprès, ça se voyait, observe Lucas. Elle n'avait pas la tête à nager. Alors, je lui ai dit d'aller régler ses problèmes personnels… » C'est la toute dernière fois que Manaudou s'entraînera sous la férule de celui qui l'a porté vers les sommets. En l'espace de deux jours, elle organise sa fuite. Change de numéro de téléphone, passe saluer quelques proches, trace sa route aux côtés de Luca Marin qui l'a conduit, à bord de son Audi TT, chez ses parents basés à côté d'Ambérieu, à Villieu-Loyes-Mollon. Là-bas, elle y dépose son chat Armony, expose à ses parents son nouveau projet de vie avant de mettre le cap sur l'Italie.

L'annonce officielle de son départ de l'autre côté des Alpes intervient dix jours après le clash survenu à l'entraînement.

« Ca ne nous a pas du tout étonnés de la voir partir, insiste Pierre Henri. Pour en avoir parlé ensemble dans le groupe, on s'en doutait tous un peu. » Usée physiquement et nerveusement, Laure souhaite changer de méthodes d'entraînement et surtout, nager près de l'être cher. « Elle a manifesté son intention de vivre un nouveau challenge et de connaître de nouvelles conditions. », déclare Didier Poulmaire. « Pour nous, il n'y a aucun problème, soutient Dominique Canus, responsable de l'élite au Canet 66. Laure est amoureuse. Elle a décidé de s'entraîner avec Luca Marin mais de rester licenciée au club. Ce n'est pas la première fois qu'elle pète les plombs pour un garçon. Elle reviendra… »

Sur le coup, beaucoup d'observateurs osent encore s'imaginer qu'il ne s'agit là que d'un coup de tête. Que d'une bouderie passagère. Que d'une crisette d'ado à retardement. Beaucoup, sauf certains spécialistes comme le psychanalyste Samuel Lepastier, qui va décrypter sans peine le comportement de la sirène. « Chez les sportifs, la crise d'adolescence est retardée. Le sportif reste longtemps dans la position du petit enfant. Jusqu'au moment où ça casse. »[32] Et que le père soit définitivement tué… A 20 ans, Laure a grandi psychiquement. Elle ne possède plus le même degré de tolérance qu'à 15 ans. Elle a changé, évolué. Elle veut se prouver à elle-même qu'elle peut réussir seule et se sortir d'une certaine forme d'emprise. Et puis, avec toute l'expérience qu'elle a accumulée, la maturité de Laure est déjà celle d'une femme de 30-35 ans. « Dans le partage, il commençait à y avoir un dysfonctionnement, analyse Patricia Quint, chargée de l'équipe de France féminine. Quand on a une fille sous sa coupe, il faut être à son écoute et ne pas aller trop loin physiquement, verbalement et matériellement. C'est une entrave au bien-être, à la performance et c'est une souffrance pas nécessaire. Or ces messieurs sont peut-être trop abrupts et n'y prêtent pas toujours attention… La nouvelle orientation de Laure, c'est de faire du sport au féminin. En partant en Italie, elle va trouver des repères pour équilibrer sa vie sportive et affective car elle n'éprouve plus le besoin de ne vivre que pour le sport. Elle a besoin à côté de la natation d'un environnement propice à son épanouissement. Elle veut vivre pleinement et conjointement sa vie affective avec sa vie de sportive de haut niveau. »

De son côté, Philippe Lucas, toujours sans nouvelles de sa belle, fait preuve d'une étonnante retenue, comme si le coup de poignard qu'il venait de recevoir relevait encore du scénario fiction. Mais très vite, il va en avoir le cœur net à l'occasion d'un tête à tête avec son ex protégée organisé dans une thalasso

de Canet. Venue en jet privé d'Italie pour expliciter en conférence de presse son nouveau choix de vie, Laure lui confirme avant, tête baissée et la voix mal assurée, que leur fructueuse association est bien et bel terminée. Comme le remarquable paternel de substitution qu'il a été, Lucas prend note et ne peut s'empêcher de lui donner quelques précieux conseils. « Je ne dirai jamais de mal de toi. Fais attention aux gens qui vont t'entourer. Il faut qu'ils soient compétents. Qu'ils n'aient pas peur de te rentrer dans la gueule quand ça ne va pas. Fais attention en équipe de France, qui va s'occuper de toi ? Fais attention à fermer tes bouteilles comme d'habitude. Fais gaffe qu'on ne t'impose pas des choses, des vitamines… »[33]
Au moment de le quitter, Laure fait preuve d'une courante ingratitude chez elle, en se contentant de l'embrasser à défaut de le remercier. Lucas a les boules. Il aurait espéré sortie plus chaleureuse. « Elle est comme ça. Déjà qu'elle ne dit pas bonjour, comment voulez-vous qu'elle dise merci ! » Mais depuis le temps, il sait parfaitement comment fonctionne la championne. « C'est une jeune fille qui ne fait pas de sentiment quand c'est terminé. », souligne Patrick Touzaint, responsable de la promotion sportive chez Arena. De tous temps, Laure a en effet toujours agi de la sorte. Que ce soit pour solder une histoire d'amour ou terminer une collaboration, la nageuse n'y a jamais mis les formes. Se contentant d'affronter la réalité par texto, en filtrant les appels, en racontant des mensonges ou en ne daignant jamais s'excuser. Mais dans le cas de Lucas, c'est la nouvelle couche d'ingratitude qu'elle va remettre en conférence de presse qui va tout gâcher. Morceaux choisis. « C'est terminé parce que je voulais passer à autre chose, changer d'entraînement parce que j'ai des choses à modifier (…) Le courant passait moins bien avec Philippe (…) Ce n'est pas facile de tra-

vailler avec Philippe (…) Il y a des choses que je souhaitais travailler et que Philippe ne voulait pas faire (…) Je veux prouver qu'en quittant Philippe, je peux m'entraîner avec quelqu'un d'autre (…) Je fais un choix par amour. Avec Luca, je veux vivre et avoir un enfant. Je suis catégorique. Je ne retournerai pas en France (…) Je suis française et fière de nager pour la France dans les compétitions internationales. Je continuerai de la faire avec les mêmes passion et détermination dans l'avenir et ce, quels que soient les changements de mon lieu d'entraînement. »

Dans une forme quasi olympique, Lucas ne va tarder à réagir. Et à égratigner son ancienne protégée. La guerre des mots est lancée. « Elle part parce qu'elle a envie de moins travailler. Elle fuit le travail (…) Aujourd'hui, ce n'est plus une nageuse, ce n'est plus une athlète. Quand on la voit, on a l'impression qu'elle a fait une croisière de six mois (…) En Italie, c'est les Ritals qui vont tout maîtriser. C'est une question d'argent, s'ils l'ont prise *(on parle alors d'un contrat de 6 ans et de 400 000 euros par an).* Ils vont essayer de faire cinq millions d'euros. Ce n'est que pour le pognon, on le sait très bien (…) Elle aura droit à quatre entraîneurs, un expert en biomécanique, deux préparateurs physiques, un médecin roi de la fléchette *(sous-entendu des piqûres et du dopage).* Moi, j'arrivais à faire tout ça tout seul. J'pense que je suis un bon produit et pas cher ! (…) Il y a une seule chose qui m'inquiète. C'est au niveau médical, ça a l'air dangereux quand on voit le médecin qui va la suivre (…) Elle va être dans une belle ville (Turin). Elle ne parle pas la langue. Elle qui a déjà du mal à passer le code, ça va pas être facile ! » Avant d'annoncer en grandes pompes l'arrivée imminente de la Roumaine Camelia Potec, championne olympique en titre du 200 m. Son but ? La préparer, à sa manière, pour en faire la rivale numéro un de Laure sur 200 et 400 m aux Jeux Olympiques de Pékin. Fin du premier acte.

De l'autre côté des Alpes, la nouvelle vie de la superstar tricolore s'organise non sans mal. Sportivement, c'est l'imbroglio le plus total. Laure souhaite nager avec Luca Marin à Vérone, mais c'est impossible puisque cette structure fédérale est interdite aux étrangers. La fédération française, qui se frotte les mains de ne plus avoir affaire à Lucas, annonce alors qu'une solution intermédiaire a été trouvée, que Laure pourra se partager entre Vérone et Turin, distantes de 300 km. « Faux », rétorquent les instances italiennes qui se demandent, de surcroît, s'il est judicieux de changer une méthode qui gagne à un an des Jeux. Finalement, Laure restera s'entraîner à Turin avec le club de LaPresse Nuoto et retrouvera son glamoroso tous les week-ends.

Dans la capitale piémontaise, Laure jouit d'une cour à sa botte. Chef de projet, entraîneur en chef, entraîneur en second, préparateur physique, expert en biomécanique, médecin, nutritionniste, employée de maison, vigiles, chauffeur particulier (d'une Maserati), professeur d'italien, attachés de presse : le club privé n'a pas lésiné sur les moyens pour accueillir dignement celle que l'on surnomme déjà la « Reine Manaudou », en référence au « Roi Platini » qui réalisa tant de miracles sous le maillot de la Juventus Turin de 1982 à 1987. C'est d'ailleurs à quelques pas de l'endroit où l'ancien capitaine des Bleus signa son contrat avec le club bianconero que la chef de file de la natation tricolore va s'entraîner dans le bassin olympique du complexe Sisport Fiat, au 32 de la Via Oliviero. Comme l'ancienne gloire du foot qui en avait fait sa « cantine » favorite, Laure a déjà ses habitudes chez « Giudice », un restaurant chic qui lui mitonne à volonté steak tartare maison et gnocchis

au ragoût. Mais pas question d'abuser des bonnes choses car la nageuse fuselée de Melbourne accuse déjà six kilos de trop sur la balance depuis son retour d'Australie.
Le menu sportif qui l'attend devrait accélérer cette perte de poids. S'il restera presque aussi copieux que sous l'ère Lucas (14 km par jour au lieu de 17), il différera nettement au niveau de l'approche. Depuis le début de son exil, Laure a en effet insisté pour bénéficier d'un cadre plus technique. Et plus varié avec, bien évidemment, toujours beaucoup de crawl à l'entraînement, mais aussi, une dose accrue de papillon, de brasse et de dos afin qu'elle délaisse quelque peu, à terme, les 800 et 1500 m au profit des 200 m dos et 200 m papillon. Son nouvel entraîneur aura pour nom Paolo Penso, caricature transalpine du sourire « Email Diamant ». Considéré comme l'un des plus grands théoriciens de la natation italienne, c'est avant tout le directeur général de LaPresse. Et à élève particulière, traitement exceptionnel puisqu'il s'occupera exclusivement de Laure. Pour la dynamique de groupe et la stimulation collective, on repassera…
Marco Durante, chef d'orchestre de cette vaste représentation, a également l'intention de s'occuper personnellement de « Laura ». Puisque LaPresse est d'abord et avant tout une importante agence de communication, le big boss se chargera de parfaire son éducation en la matière. Rarement souriante avec ses supporters, pas toujours courtoise avec la presse et souvent malpolie avec son encadrement, Laure se comporte fréquemment en gamine mal éduquée. « Il faudra que ça change, clame Durante. On dirait un petit animal de race qui a grandi dans la jungle. Je veux qu'elle soit plus souriante et plus courtoise. Elle ne sait pas dire bonjour, pas dire merci. Elle doit cesser de laisser traîner ses affaires partout. Elle doit être plus sym-

pathique avec les journalistes, plus responsable d'une manière générale. Je lui dirai les choses sans concession. »

Enfin, et parce que les Italiens ont mis les petits plats dans les grands, Laure est logée via Bogino, dans l'une des suites de l'appartement du président de son club, Marco Durante, et de sa compagne, l'actrice de films de second plan Laure de Bart, en attendant de s'installer sur un étage entier de la villa du XVIIIe siècle de Durante, accrochée sur la très sélect Colline de Turin qui domine la ville. Là même où Platini, Zidane et Deschamps avaient élu domicile quand ils évoluaient dans le Calcio.

Après trois semaines de palabre, Laure s'engage officiellement avec LaPresse Nuoto. Dans le camp fédéral, on jubile. Alors qu'elle vient de filer à l'italienne, la reine du 400 m ne s'est, paradoxalement, jamais autant rapprochée de la Fédération français qui a fait le déplacement jusqu'à Turin et qui ne buttera plus sur le rempart Lucas. « Dès que Philippe était présent, raconte Patricia Quint, il transmettait sa rage à Laure. Elle était prise dans un tourbillon. Et même si nous ne la perdions pas de vue, c'était avec beaucoup de difficulté. » Plus basique, Francis Luyce, le président de la FFN, savoure ce petit rien. « Jamais je n'avais eu l'occasion de partager un tel moment de connivence avec elle depuis le début de sa fulgurante carrière. On s'est embrassés spontanément. Elle a parlé, elle s'est lâchée. Je suis heureux de pouvoir considérer Laure comme partie intégrante de l'équipe de France. »

Alors que la championne multiplie dans la presse les petites piques à l'adresse de son ancien mentor, l'inclassable coach fourbit ses armes, avant de vider son sac dans une longue interview accordée au magazine *Sport*. Attention, ça déménage…

« Je lui reproche d'avoir craché dans la soupe, d'avoir raconté

des contre-vérités, d'avoir dit qu'elle pleurait tous les soirs et qu'elle n'arrivait plus à manger (...) Il y a un moment où ça te gonfle ! Où tu en as plein le cul ! J'en avais marre de toujours passer pour le bad boy, d'entendre dire que Lucas est le méchant alors que mon métier, c'est de l'entraîner et la faire avancer. Or, avec elle, tout le problème était de la faire adhérer au travail (...) Son plus grand défaut, c'est d'oublier tout ce que les gens lui ont apporté (...) Laure est une fille qui n'a jamais nagé pour l'argent. Mais quand on te propose des billets tous les jours, on s'habitue à un certain confort. Après, attention, la starlette, faut la faire dans l'eau, pas dans la Maserati (...) Sa décision ne m'a pas surpris. Je sens l'humain. Mais c'est aussi très difficile de gérer les humains, surtout quand ils deviennent des stars. Quand tu prends un jet pour aller voir ton mec, quand tu vas chez Gucci ou Lancel prendre ce que tu veux, quand tu dors au Georges V, quand tu gagnes quatre millions d'euros par an, quand tu as le monde à tes pieds, quand on te répète que tu es la plus belle, la plus grande, ça finit par te monter à la tête. »[34] Fin du deuxième round.
Les deux ex-complices se retrouvent sur le bord des bassins fin juin à Saint-Raphaël dans le cadre des Championnats de France. Alors que d'ordinaire, c'est Lucas qui se chargeait de faire le tampon entre elle et les médias, cette fois-ci, c'est la grande fille qui a souhaité aller au bout de son processus d'émancipation qui va devoir s'y coller. L'attention est colossale. La pression, presque inhumaine. Si on comptabilisait une dizaine de photographes, cinq télévisions et une quarantaine de journalistes accrédités aux Championnats de France 2003, dans le Var, ce sont 60 journalistes, 15 chaînes de télé, 40 photographes dont certains de la presse people qui ont fait le déplacement ! « J'ai beaucoup de pression de la part des jour-

nalistes et des photographes qui me suivent autour du bassin, confirme-t-elle. Beaucoup de monde m'attend au tournant. C'est un peu pénible. J'avoue que je suis un peu inquiète et que je stresse. Je ne sais pas comment je vais me comporter dans l'eau. »

Engagée sur huit épreuves individuelles plus trois relais sous les couleurs de Canet, Laure va appliquer le tarif « manaudien » en remportant cinq nouveaux titres nationaux (200 m, 400 m, 800 m, 50 m dos, 100 m dos). Sur 200 m et 400 m, elle cloue carrément le bec aux sceptiques en réalisant, à l'orgueil, deux super performances. Mais le reste laisse quelque peu à désirer, eu égard à ses antécédents. Son évident manque de force, d'explosivité et d'endurance inquiète, même si la jeune femme a des circonstances atténuantes liées à ses dernières semaines agitées, à une fracture du quatrième métatarse du pied gauche qu'elle s'est faite en chahutant sur le bord des bassins et à l'arrêt de la musculation afin de résorber ses douleurs tendineuses. Hors de l'eau et malgré l'agitation ambiante, Laure est souriante, avenante. Presque transformée.

Pendant que le groupe de Philippe Lucas est en vacances (!), Laure doit effectuer début août un dernier plongeon « sans stress » à l'Open de Paris sur 50, 100 et 200 mètres dos, avant de prendre congé, à son tour. Sur 50 m dos, la « raboteuse » retrouve ses bons vieux réflexes en améliorant par deux fois son propre record de France (28"71 puis 28"50). Sur 100 m dos, seule la victoire est belle. Pas la manière. Quant au 200 m dos, la jeune va lâcher l'affaire en série, histoire de raccourcir la distance qui la sépare des vacances. Le comportement peu pro, agacé et irritable de la championne froisse les dirigeants italiens du club de LaPresse qui, contre toute attente, vont la limoger comme une malpropre.

L'exclusion fait l'effet d'une nouvelle bombe. Penso n'a pas digéré l'attitude méprisante de Laure à son égard. Durante, lui, se sent trahi et va prendre la décision drastique qui s'impose. C'est finalement sur fond de polémique contractuelle avec Arena que va s'achever l'expéditive aventure italienne de notre Miss France. En gros, il est reproché au staff transalpin d'avoir « abusé » de Laure et de l'avoir plus ou moins forcé à signer une prolongation de contrat avec son équipementier italien. C'est la justice qui devra trancher.
Saturée, Laure, accompagnée de Luca Marin, s'envole pour l'archipel des Maldives et l'atoll de Lhaviyani. Malgré le luxe et la pureté du lieu, le cadre idyllique, la plongée dans les eaux turquoises, le bungalow cinq étoiles sur pilotis, la salle de bain à ciel ouvert ou encore le spa et les massages sur la plage, la nageuse peine à verser dans l'allégresse. Même loin de France, la Wonderwoman du sport français n'est pas sans savoir que son avenir très flou alimente les gazettes. Plus accrocheur que « L'île de la tentation » et « Secret story » réunis, la saga Manaudou va s'imposer comme le feuilleton de l'été. Ou plus exactement comme le programme phare de la « médiatique-réalité-sportive ».
Après moult supputations, une kyrielle de projections et une avalanche de propositions (Lagardère Paris Racing, Melun, Antibes, Marseille, Lyon, Toulouse, Mulhouse...), Laure opte pour la sagesse et décide de revenir dans un cadre de vie sain, stable et protecteur. Là où tout a commencé. A Ambérieu-en-Bugey, loin du tumulte, des vautours et des jaloux. Entraînée par son frère aîné, Nicolas, la star tricolore bénéficiera d'une structure sur mesure, avec, notamment, le soutien sans faille de la fédération et l'aide extérieure de deux techniciens supplémentaires.

Finalement, que reste-t-il de ces cinq mois de turbulences traversés par Laure ? Des fausses notes, pas mal de cafouillages, un arrière-goût de gâchis et une grosse incompréhension. Oui, Laure a souhaité faire sa révolution pour se rapprocher de celui qu'elle qualifie d'homme de sa vie. Mais en réalité, elle n'a jamais été aussi éloignée de lui. Tout ça pour ça…

Laure et les garçons

Ah ! Laure et les garçons… En grossissant à peine le trait, ce volet capital de sa vie mériterait à lui seul un roman tant la jeune femme est une amoureuse éperdue en quête du prince charmant. A 21 ans, Laure peut se targuer d'être aimée et de n'avoir jamais connu le célibat depuis qu'elle est adolescente. De mémoire de suiveur, on ne lui connaît, en effet, pas de « période creuse », ni de parenthèse amoureuse. Avec Laure, les amours s'enchaînent sans discontinuer. De l'international français Fabien Gilot à l'international italien Luca Marin, en passant par le maître-nageur Julien Fort et le nageur Pierre Henri (ou encore l'international Amaury Leveaux avec qui, selon certaines rumeurs, elle aurait eu une liaison), Laure a vraiment connu trois amours dans sa vie. « En principe, quand on est champion, toute la libido est investie dans l'entraînement, explique Samuel Lepastier, psychanalyste. D'où une vie affective et sexuelle assez pauvre. Mais il suffit qu'il y ait une découverte de l'amour pour que les choses changent. »[32] Timide et réservée en public, Laure se montre entreprenante et pas vraiment farouche quand elle est en couple. En 2003, alors qu'elle commence tout juste à aimanter les objectifs et les caméras aux Championnats de France de Saint-Etienne, la naïade de Melun ne se cache pas, avant de se jeter à l'eau ou après les courses, dans le bassin de récupération pour embrasser langoureusement son petit copain de l'époque. Sans gêne et sans complexe, comme si elle souhaitait étaler délibérément son bonheur à la face du monde.

Mais son premier vrai grand amour, c'est en janvier 2004 qu'elle va le rencontrer à l'occasion d'un stage à Orcières-Merlette. Avec Julien Fort, à la fois triathlète et maître-nageur, c'est la love story. Elle tatoue son prénom au bas du ventre, se fiance avec lui, envisage même de se marier et de porter son nom. Elle lui parle d'enfants, leur trouve les prénoms (Angela et Enzo) et lui fait une tonitruante déclaration en finale olympique du 400 m en revêtant le fameux T-Shirt blanc sur lequel elle a inscrit : « POUR JU !!! ANGELA – ENZO… ».

« L'amour, il n'y a que cela qui compte pour elle, témoigne Julien. Quand elle aime, elle est capable de placer cette relation avant tout le reste. C'est très important pour elle. Si j'avais voulu, j'aurais pu tout décider de sa vie car quand elle aime, elle est très influençable. Elle était tellement fière de notre amour qu'elle faisait tout pour qu'on en parle. Quand on sortait, on était parfois suivi par des photographes. Moi ça me gênait mais, elle, elle trouvait ça super marrant. Ca mettait du peps dans notre relation ! Elle avait également des projets très arrêtés, comme avoir des enfants ou construire un foyer. Ce désir de maternité est très prononcé chez elle. »

S'il est une constante chez elle, c'est effectivement cette envie dévorante de procréer. Depuis qu'elle a 11 ans, Laure ne cesse d'en parler. Dans son plan de carrière, le bébé était programmé pour 2012, après les Jeux Olympiques de Londres. Récemment, elle évoquait l'éventualité pour 2010, mais tout est envisageable après les Jeux de Pékin en 2008… « Elle est capable de tout, du meilleur comme du pire. », avance Philippe Lucas. « Connaissez-vous une femme qui n'ait pas envie d'avoir des enfants, interpelle Francis Luyce, le président de la FFN. C'est normal, c'est dans la nature humaine. Laure est amoureuse, et c'est tant mieux car quand on aime, on ne compte pas ! Et puis, entre-nous, c'est plutôt signe de bonne santé ! »

Avec Julien, la relation sera complice et forte. Laure découvre l'amour au sens premier du terme, les prémisses de la vie à deux, les délices de la relation fusionnelle ainsi que l'esprit d'indépendance en couple. « Avant les Jeux, on se voyait tous les week-ends et après, j'ai habité chez elle pendant trois mois. C'était intense. » A tel point que Laure, au plus fort de sa déprime post-olympique, va décider de stopper sa carrière sportive afin de mener dans les meilleures dispositions sa barque amoureuse. « Elle est capable de tout plaquer, se souvient Julien. Je me souviens de ce jour où elle s'était enfuie et avait pris le train de nuit pour venir me rejoindre. Ne la voyant pas à l'entraînement le lendemain, Philippe Lucas l'appelle. Elle était en pleurs, à bout, et lui avait raccroché au nez après lui avoir annoncé sa retraite sportive ! Je ne savais plus où me mettre. »

Sur le fond, cette attitude ressemble à s'y méprendre à celle qu'elle va adopter dans les bras de Luca Marin. Excédée par toutes les entraves et autres obstacles qui ne cessent de se dresser sur le chemin qui doit la conduire en Italie, la jeune femme a bien failli envoyer tout valdinguer au cours de l'été 2007. Quant à son départ précipité de Canet-en-Roussillon pour Turin, il ne faut pas oublier qu'il était en grande partie conditionné par cet amour irrépressible qu'elle voue au beau gosse né dans la petite cité de Vittoria. Et qu'elle souhaitait vivre au quotidien, et non plus par intermittence. « Ca, c'est tout elle, ça, estime sa copine Anne-Sophie Le Paranthoën. Son exil pour l'Italie ne m'a pas étonnée. Elle a toujours été passionnée et a toujours recherché le grand amour. L'essentiel pour elle, c'est d'être épanouie. Elle a raison de prendre des risques car lorsqu'elle est bien dans sa peau, elle avance encore plus vite ! »

Avec Pierre Henri, avec qui elle va tromper Julien Fort en mars 2005 lors d'un stage aux Antilles, Laure vivra une histoire d'amour plus sereine et moins endiablée. Plus confortable et moins enflammée. Partenaire d'entraînement du Team Lucas et camarade de Laure depuis 2001, le nageur breton a le profil du gendre idéal aussi bien aux yeux des parents que du mentor. Il est tendre avec elle, lui fait la cuisine et surtout les crêpes, la protège, trouve toujours les mots pour la consoler, l'invite en vacances chez ses parents, s'entend bien avec sa belle-famille, se lie d'amitié avec le frère aîné. « On se comprend car nous sommes tous les deux nageurs et avons les mêmes horaires et entraînements, raconte-t-elle à l'époque. Avec Pierre, je suis plus épanouie au quotidien. J'avais craqué pour lui quand j'avais 15 ans, mais lui ne s'intéressait pas encore à moi du haut de ses 18 ans. C'est important qu'il soit là car j'ai besoin d'affection pour gagner. » Sous les yeux de l'âme sœur, Laure est capable de se transcender et de réaliser la plupart du temps des performances d'exception. C'est, en effet, dans l'amour qu'elle trouve une inépuisable source de motivation. Et d'apaisement car lorsqu'elle est perchée sur son nuage, cette demoiselle au cœur d'artichaut nage à son meilleur niveau.

Avec Pierre Henri, Laure va multiplier les expériences inédites comme assister au GP de F1 de Monaco ou encore monter les marches lors du festival de Cannes 2005. Elle partagera également pour la première fois officiellement sa vie avec un garçon, puisque les deux tourtereaux emménageront ensemble au prin-

temps de la même année dans une grande maison du centre de Melun. A la demande du nageur breton, Laure se fera tatouer un gros lézard près de l'aine afin de masquer le prénom de Julien qui trônait toujours en bonne position en signes chinois. Un peu plus tard, elle poussera la coquetterie jusqu'à se faire poser un piercing sur la langue avec l'inscription « Embrasse-moi » gravée en minuscule. Enfin, et comme elle l'avait déjà fait avec Julien en arborant un T-Shirt au message presque sans équivoque, la championne nagera quelques compétitions officielles avec un bonnet de bain imprimé du drapeau breton et du diminutif « Pierrot », avant de réitérer le symbole avec Luca Marin et le bonnet de bain aux couleurs italiennes.
« Cette histoire m'a évidemment beaucoup marqué, raconte Pierre. J'étais avec elle non pas parce qu'elle s'appelle Laure Manaudou, mais bien parce que je l'aimais. Elle le savait très bien. Elle se projetait en permanence vers l'avenir. Me parlait d'enfants, disait ce qu'elle envisageait de faire dans quatre ans. Elle a besoin d'affection, aime les petites attentions et les bisous. Il faut s'occuper d'elle. Elle a vachement besoin d'avoir quelqu'un à ses côtés. En retour, elle est capable de tout. »
Comme par exemple le larguer comme une vieille chaussette. L'image a fait le tour de l'Europe. Venu soutenir Laure aux Championnats d'Europe de Budapest en juillet 2005, ce grand blond discret et posé va fondre en larmes sous l'œil des caméras. « Je n'ai rien vu venir, poursuit-il. Alors que l'avant-veille elle me disait encore que j'étais l'homme de sa vie, en plein milieu de la compétition, elle m'annonce que c'est fini. Qu'elle ne m'aime plus. Elle m'assure qu'il n'y a personne d'autre dans sa vie. Quelques jours plus tard, je la vois en train d'embrasser un autre mec. C'était Luca. Et quand je lui ai demandé des explications, elle m'a répondu que si je souhaitais lui dire quel-

que chose, je devais le faire par SMS ! »
Ah ! Les SMS… Julien Fort eut également la douloureuse surprise d'apprendre la fin de sa liaison avec Laure par SMS.
« On est comme Roméo et Juliette, personne ne veut qu'on soit ensemble. », lui écrivait-elle à son retour de stage de Guadeloupe. Et derrière, pas le moindre coup de fil pour développer…
S'il en est un qui est aussi soumis au régime SMS, c'est bien Luca Marin. Mais pour d'autres raisons. Quotidiennement, Laure et son nouveau prince charmant s'adressent au minimum une cinquantaine de textos. Avec lui, il faut dire que la passion s'est élevée d'un cran. Fous amoureux l'un de l'autre, ils forment un couple glamour dont le nec plus ultra et le modèle en la matière reste, pour la Française, les Beckham. Pour les Italiens, la référence serait plutôt Monica Bellucci et Vincent Cassel…
« Je n'ai rien d'autre à dire que c'est l'homme de ma vie, affirme-t-elle. Peut-être le père de mes enfants. Je suis pressée d'être maman. La vie me gâte. Luca me rend heureuse et tout le monde le remarque. Il est attentionné et prend soin de moi. Personne n'a été comme ça auparavant. Il arrive toujours à me surprendre, avec des câlins et des petits cadeaux *(comme une nuit d'hôtel à Rome avec jacuzzi dans la chambre, un week-end en thalasso à Monte-Carlo).* Il est très galant et, j'avoue, j'apprécie. Une fois, lors d'un week-end à Barcelone, on est allés manger ensemble au Hard Rock Café. Il est sorti, officiellement pour acheter des cigarettes. Quand il est revenu, il a posé une boîte sur la table. C'étaient des boucles d'oreille Swarovski. »[35] et[2]
Suspecté au début de vouloir s'offrir un joli coup de pub, Luca Marin est, aujourd'hui, un compagnon dont l'amour ne fait

plus aucun doute. « Il est raide amoureux d'elle, raconte cette ancienne partenaire d'entraînement de Laure à Canet-en-Roussillon. Il lui fait souvent des crises de jalousie. A chaque fois qu'ils s'embrouillaient au téléphone, Laure voulait partir sur le champ pour aller le rejoindre. » Capable de tout, on le sait bien, pour vivre lovée dans ses bras, Laure louait régulièrement un avion privé pour s'en aller le retrouver au plus vite le week-end en Italie. A son contact, la vedette du sport français est devenue très élégante et très coquette. Plus séductrice et plus adulte. Et même si elle reste complexée par sa pointure (43) et ses « petits seins », elle aspire plus que jamais à « se sentir belle » en essayant d'« être femme ». Et d'opter, hors des bassins, pour le brushing, les faux ongles, le maquillage ou encore les talons hauts. Mais aussi pour la lingerie fine, comme en atteste cet achat pour 500 dollars de strings réalisés pendant les Mondiaux de Melbourne. « Je suis dingue de lui, conclut Laure. J'ai besoin de le voir en permanence même si je sais que ce n'est possible. Quand on se sépare après un week-end, je pleure tout le temps. Je ne contrôle rien. »

« Laure a toujours aimé deux trucs dans la vie : la natation et les mecs, souligne Philippe Lucas. Pendant longtemps, elle a papillonné d'un mec à l'autre. Mais aujourd'hui, elle est capable de s'arrêter net du jour au lendemain par amour. C'est une gamine qui a eu un manque d'affection. Dès qu'elle a quelqu'un, elle s'accroche comme à une branche de survie. Elle ne peut pas vivre toute seule… » Chez elle, cette constante amoureuse traduit clairement un report affectif. Déstructurée car coupée de son père dès l'âge de 14 ans puis élevée par celui qu'elle considérera comme un « second père » au point d'avoir souvent eu envie de l'appeler « papa », Laure cherche à compenser par tous les moyens cette carence voire cette faille

affective lourde à supporter. D'où un besoin d'amour illimité. Et un transfert total sur ces garçons qui, finalement, eux aussi, ne demandent qu'à être aimés.
Au fait, à la question : « Qu'emporterais-tu si tu devais un jour partir seule sur une île déserte ? », Laure s'est empressée de répondre : « Mon homme et mon portable ». La gent masculine exercerait-elle définitivement un pouvoir attractif supérieur à celui de la natation ? Tout porte à le croire. Et nul doute que c'est sous cet angle là qu'il faudra aller chercher, un jour, les raisons d'une fin de carrière.

Epilogue

C'est un petit pas pour le français, mais un bon de géant pour l'intéressée. A 21 ans, Laure Manaudou vient de faire son entrée dans le dictionnaire des noms propres. En réalisant à son insu un nouveau tour de force, la superstar du sport français prouve une fois encore qu'elle a le don de réussir là où on ne l'attend pas. Et qu'elle a toujours une longueur d'avance sur le cours du temps, la logique et les autres.

Dans ces conditions, jusqu'où peut-elle aller et nous épater ? Difficile à répondre, tant son potentiel reste insondable. Dès l'an prochain, aux Jeux Olympiques de Pékin, la sirène d'Ambérieu-en-Bugey a rendez-vous avec l'histoire. Une nouvelle médaille d'or en poche, et elle poserait une empreinte indélébile sur les tablettes nationales. Deux breloques, voire trois, voire quatre -car avec elle, rien n'est impossible- et là, elle deviendrait purement et simplement la plus grande sportive française de tous les temps. Et assurément, la meilleure crawleuse de l'histoire.

L'enjeu est de taille. Laure le sait mieux que quiconque. Mais ce nouveau défi qui s'offre à elle est à la mesure de son incroyable talent. En guise d'autres challenges à lui mettre sous la dent, glissons-lui, pêle-mêle comme idées, un record du monde du 400 mètres sous la barre des quatre minutes, un triplé olympique sur 200m-400m-800m, un nouveau champ d'exploration sur 200 m dos, le record absolu de titres de champions de France à battre (47 contre 50) ou encore davantage d'épreuves de quatre nages à disputer en compétition. Mais ce ne sont que des pistes car avec Laure, nul ne sait de quoi demain sera fait. Pékin est un horizon lointain dont on ignore déjà dans quel état de forme elle y arrivera. Alors, que dire des échéances futures ? Mystère, patience et suspense d'autant que la maman qui sommeille en elle prendra forcément un jour l'ascendant.

Annexe 1

Son palmarès (au 1er octobre 2007)

21 médailles internationales dont 13 titres en grand bassin (50 mètres)
Jeux Olympiques 2004 : Or sur 400 m, argent sur 800 m, bronze sur 100 m dos
Championnats du monde : Or sur 400 m en 2005 et 2007, sur 200 m en 2007 ; argent sur 800 m et sur 100 m dos en 2007 ; bronze sur 4x200 m en 2007
Championnats d'Europe : Or sur 400 m en 2004 et 2006, sur 800 m en 2006, sur 100 m dos en 2004 et 2006, sur 200 m 4 nages en 2006, sur 4x100 m 4 nages en 2004 ; bronze sur 200 m, 4x200 m et 4x100 m 4 nages en 2006.
Jeux méditerranéens : Or sur 400 m et 50 m dos en 2005.

7 médailles internationales dont 6 titres en petit bassin (25 mètres)
Championnats d'Europe : Or sur 400 m, 800 m et 100 m dos en 2005 et 2006 ; bronze sur 100 m dos en 2003.

29 titres individuels de championne de France en grand bassin depuis 2002
Championnats de France : Or sur 50 m dos en 2002, 2003, 2004, 2005, 2006 et 2007 ; sur 100 m dos en 2003, 2004,

2005, 2006 et 2007 ; sur 400 m en 2003, 2004, 2005, 2006 et 2007 ; sur 800 m en 2003, 2004, 2005, 2006 et 2007 ; sur 1500 m en 2003, 2006 ; sur 200 m 4 nages en 2005, 2006 ; sur 200 m en 2006 et 2007 ; sur 400 m 4 nages en 2006 ; sur 5 km en 2004.

19 titres individuels de championne de France en petit bassin depuis 2005
Championnats de France : Or sur 400 m en janvier 2005, décembre 2005 et 2006 ; sur 800m en janv.2005, déc.2005 et 2006 ; sur 50 m dos en en janv.2005, déc.2005 et 2006 ; sur 100 m dos en en janv.2005, déc.2005 et 2006 ; sur 200 m 4 nages en janv.2005, déc.2005 et 2006 ; sur 200 m en déc.2005 et 2006 ; sur 100 m 4 nages en 2006 ; sur 400 m 4 nages en 2006.

5 médailles internationales en juniors dont 1 titre
Championnats d'Europe : Or sur 100 m dos en 2002 ; argent sur 50 m dos en 2001 et 2002, sur 100 m dos en 2001 et sur 200 m 4 nages en 2002.

Annexe 2

Ses records (au 1er octobre 2007)

En grand bassin (50 mètres)
Détient 2 records du monde : 200 m en 1'55"52 (à Melbourne en 2007), 400 m en 4'02"13 (Budapest 2006).
Détient 4 records d'Europe : 200 m, 400 m, 800 m en 8'18"80 (Melbourne 2007), 100 m dos en 59"87 (Melbourne 2007).
Détient 12 records de France (8 individuels, 4 collectifs) : 200 m, 400 m, 800 m, 1500 m en 16'03"01 (Tours 2006), 50 m dos en 28"50 (Paris 2007), 100 m dos en 59"87 (Melbourne 2007), 200 m 4 nages en 2'12"41 (Tours 2006), 400 m 4 nages en 4'40"06 (Tours 2006), relais 4x200 m avec l'équipe de France en 7'55"96 (Melbourne 2007), relais 4x200 m avec son club en 8'07"55 (Tours 2006), relais 4x100 m 4 nages avec l'équipe de France en 4'03"64 (Budapest 2006), relais 4x100 m 4 nages avec son club en 4'08"95 (Saint-Raphaël 2007).
Détient 4 meilleures performances françaises de tous les temps chez les « 17 ans » : sur 400 et 800 m, 50 et 100 m dos.
Détient 2 meilleures performances françaises chez les « 16 ans » : sur 50 et 100 m dos.
Détient 2 meilleures performances françaises chez les « 15 ans » : sur 50 et 100 m dos.

En petit bassin (25 mètres)
Détient 3 records du monde : 400 m en 3'56"09 (Helsinki en 2006), 800 m en 8'11"25 (Trieste 2005), 1500 m en 15'42"39

(La Roche-sur-Yon 2004).
Détient 3 records d'Europe : 400 m, 800 m et 1500 m.
Détient 9 records de France (8 individuels, 1 collectif) : 400 m, 800 m, 1500 m, 50 m dos en 27"17 (Helsinki 2006), 100 m dos en 57"87 (Helsinki 2006), 100 m 4 nages en 1'01"42 (Istres 2006), 200 m 4 nages en 2'09"20 (Istres 2006), 400 m 4 nages en 4'33"73 (Istres 2006), relais 4x50 m 4 nages avec l'équipe de France en 1'49"15 (Helsinki 2006).

Annexe 3

Ses performances en compétitions majeures

2001

Championnats de France à Chamalières (grand bassin 50 m) : Argent sur 100 m dos (1'04"45) et bronze sur 200 m dos (2'18"06 en finale, 2'17"38 en demi-finale)

Championnats d'Europe juniors à La Valette, Malte (50 m) : Argent sur 50 m dos (29"71) et 100 m dos (1'03"66).

2002

Coupe du monde à Paris (petit bassin 25 m) : Argent sur 100 m dos (1'00"39), bronze sur 50 m dos (28"35)

Championnats de France à Chalon-sur-Saône (50 m) : Or sur 50 m dos (29"48, Nouveau Record de France), argent sur 100 m dos (1'02"98) et 200 m dos (2'15"55).

Championnats d'Europe juniors à Linz, en Autriche (50 m) : Or sur 100 m dos (1'01"88), argent sur 50 m dos (29"45) et 200 m 4 nages (2'17"03).

Championnats d'Europe à Riesa, en Allemagne (25 m) : 5e sur 50 m dos (28"23 en finale et 28"09 en demi-finale) et 5e sur 100 m dos (59"93).

2003

Championnats de France à Saint-Etienne (50 m) : Or sur 400 m

(4'10"68, NRF), 800 m (8'33"92, NRF), 1500 m (16'34"14, NRF), 50 m dos (29"39 en finale, 29"02 en demi-finale, NRF) et 100 m dos (1'01"68) ; 13e en séries du 400 m 4 nages.
Championnats du monde à Barcelone, en Espagne (50 m) : 7e du 50 m dos (28"98 en finale et 28"86 en demi-finale, NRF), 11e du 100 m dos (1'02"42), 13e du 400 m (4'12"66) et 19e du 800 m (8'44"75).
Championnats d'Europe à Dublin, en Irlande (25 m) : Bronze sur 100 m dos (58"99, NRF) et 11e du 400 m (4'08"33).

2004
Championnats de France à Dunkerque (50 m) : Or sur 400 m (4'08"72, NRF), 800 m (8'31"21, NRF), 50 m dos (29"11) et 100 m dos (1'00"64, NRF); bronze sur 200 m 4 nages (2'15"82 en finale, 2'15"63 en demi-finale, NRF).
Championnats d'Europe à Madrid, en Espagne (50 m) : Or sur 100 m dos (1'00"93), 400 m (4'07"90, NRF) et 4x100 m 4 nages (4'05"96, NRF).
Jeux Olympiques d'Athènes, en Grèce : Or sur 400 m (4'05"34, Nouveau Record d'Europe), argent sur 800 m (8'24"96, NRF) et bronze sur 100 m dos (1'00"88).

2005
Championnats de France à Dunkerque (25 m) : Or sur 400 m (4'04"36), 800 m (8'26"79), 50 m dos (28"51), 100 m dos (59"66) et 200 m 4 nages (2'14"20).
Championnats de France à Nancy (50 m) : Or sur 400 m (4'06"89), 800 m (8'35"21), 1500 m (16'16"18, NRF), 50 m dos (29"28) et 100 m dos (1'01"26) ; argent sur 200 m (2'00"05) et 200 m 4 nages (2'16"09) ; bronze sur 200 m

papillon (2'16"24).
Jeux méditerranéens à Almeria, en Espagne (50 m) : Or sur 400 m (4'08"90) et 50 m dos (29"17).
Championnats du monde à Montréal, Canada (50 m) : Or sur 400 m (4'06"44), 15e sur 1500 m (16'39"19) et 5e sur 4x200 m (8'01"43, NRF).
Championnats de France à Chalon-sur-Saône (25 m) : Or sur 200 m (1'56"93), 400 m (4'00"20, NRE), 800 m (8'18"58, NRF), 50 m dos (28"02), 100 m dos (59"51) et 200 m 4 nages (2'12"93).
Championnats d'Europe à Trieste, en Italie (25 m) : Or sur 100 m dos (58"12, NRF), 400 m (3'56"79, Nouveau Record du Monde) et 800 m (8'11"25, NRM).

2006
Championnats de France à Tours (50 m) : Or sur 200 m (1'57"81, NRF), 400 m (4'03"03, NRM), 800 m (8'25"42), 1500 m (16'03"01, NRF), 50 m dos (29"06), 100 m dos (1'01"73), 200 m 4 nages (2'12"41, NRF) et 400 m 4 nages (4'40"06, NRF).
Championnats d'Europe à Budapest, en Hongrie (50 m) : Or sur 100 m dos (1'00"88), 200 m 4 nages (2'12"69), 400 m (4'02"13, NRM) et 800 m (8'19"29, NRE) ; bronze sur 200 m (1'58"38), 4x100 m 4 nages (4'03"64, NRF) et 4x200 m (7'56"44, NRF).
Championnats de France à Istres (25 m) : 200 m (1'54"93, NRF), 400 m (3'59"66), 800 m (8'18"58), 50 m dos (27"61, NRF), 100 m dos (58"05, NRF), 100 m 4 nages (1'01"42, NRF), 200 m 4 nages (2'09"20) et 400 m 4 nages (4'33"73, NRF).

Championnats d'Europe à Helsinki, en Finlande (25 m) : Or sur 400 m (3'56"09, NRM), 800 m (8'12"24) et 100 m dos (57"87, NRF) ; 4e avec le 4x50 m 4 nages (27"17, NRF).

2007
Championnats du monde à Melbourne, en Australie (50 m) : Or sur 200 m (1'55"52, NRM) et 400 m (4'02"61) ; argent sur 800 m (8'18"80, NRE) et 100 m dos (59"87, NRE) ; bronze avec le 4x200 m (7'55"96, NRF).
Championnats de France à Saint-Raphaël (50 m) : Or sur 200 m (1'57"48), 400 m (4'03"38), 800 m (8'31"26), 50 m dos (28"93), 100 m dos (1'01"22), 4x100 m (3'46"04) et 4x100 m 4 nages (4'08"95, NRF).

Annexe 4

Ses distinctions

Chevalier de la Légion d'honneur (2004)
Prix du patriotisme Maurice Schumann (2004)
Grand Prix olympique de l'Académie des Sports (2004)
Grand Prix de l'Académie des Sports (2006)
Championne des champions français par le quotidien *L'Equipe* en 2004 et 2006

Références

1. www.lauremanaudou.com
2. L'Equipe Magazine, 7 octobre 2006
3. France Soir, le 17 août 2004
4. L'Equipe, 18 janvier 2002
5. Le Parisien, le 9 octobre 2006
6. L'Equipe, 21 avril 2003
7. L'Equipe, 27 décembre 2004
8. L'Equipe, 20 avril 2002
9. L'Equipe, 14 avril 2003
10. France Soir, 9 mai 2003
11. Natation Magazine, mai 2003
12. L'Equipe Magazine, 3 janvier 2004
13. L'Equipe, 24 juillet 2003
14. Natation Magazine, novembre-décembre 2003
15. France Soir, le 26 avril 2004
16. La Voix du Nord, le 21 avril 2004
17. L'Equipe, le 6 juin 2004
18. L'Equipe Magazine, 19 décembre 2004
19. L'Equipe, 8 octobre 2004
20. France Soir, le 1er décembre 2004
21. Le Parisien, le 9 octobre 2006
22. L'Equipe, le 19 décembre 2004
23. L'Equipe, le 26 juillet 2005
24. Journal du dimanche, le 17 avril 2005
25. Le Parisien, le 23 juin 2007
26. L'Equipe, le 23 octobre 2005

27. L'Equipe, le 5 août 2006
28. VSD, du 4 au 10 avril 2006
29. L'Equipe, le 3 novembre 2006
30. L'Equipe, le 30 décembre 2006
31. Sport, le 23 mars 2007
32. Elle, 17 septembre 2007
33. L'Equipe, le 6 juin 2007
34. Sport, 22 juin 2007
35. Paris-Match, 28 décembre 2006

Toutes les autres déclarations non référencées ont été glanées par l'auteur au cours de ses différents reportages, ou réalisées dans le cadre de la rédaction de cet ouvrage.

Remerciements

Un immense merci à Karen pour son aide matérielle et affective de tous les instants ; « Super Nana » pour sa compréhension et sa patience (promis, maintenant, on va jouer !) ; JC, Poune, Paulo, Charlette et Stèph pour leur appui inconditionnel ; Marco, les deux Alex et les vrais potes pour leur soutien désintéressé ; Enguerrand Sabot pour sa confiance et Vince pour le tuyau.

Un merci majuscule à la quarantaine de témoins qui ont accepté, à visage découvert ou dans le plus strict anonymat, de collaborer à la rédaction de cet ouvrage et d'apporter leurs précieux témoignages.

Quant aux autres, des jaloux aux faux culs en passant par les saboteurs de projet et les frileux, je ne les remercie pas…

Impression réalisée sur CAMERON par

CPI
Brodard & Taupin

La Flèche
en octobre 2007

Imprimé en France
Dépôt légal : octobre 2007
N° d'impression : 43987